KB212386

공부

대한불교조계종
한마음선원

마음의 꽃을 피워가는
도반들의 이야기

책을 펴내며

2018년 뜨거운 여름, 그 한가운데서 한마음선원 신행 포교지인 《한마음》 저널 통권 100호가 발행됐다. 많은 사람이 그 순간을 함께 기뻐하고 감사했다. 책을 만드는 사람들이나 독자들이 모두 대행 선사의 가르침에 따라 정진하고자 하는 도반들이었기에 그 마음이 하나였다. 우리는 이 뜻깊은 일을 기념하여 그동안 저널에 실렸던 신행담 중에서 일부를 선별하여 한 권의 책으로 탄생시켰다. 바로 《공부》이다.

책으로 묶는 과정에 많은 노고가 있었지만, 무엇보다도 자기의 공부 이야기를 보내 주었던 한 분 한 분의 정성은 꼭 기억하고 싶다. 우리는 신행담들을 읽으며 지금의 내 모습을 다시 되돌아볼 수 있었다. 《공부》에는 활자로 쓰여진 이야기들 외에 함께해 준 모두의 마음이 행간에 담겨 있다. 제한된 지면 때문에 더 많은 신행담을 싣지 못해 안타까울 뿐이다. 이 자리를 빌려 《한마음》 저널에 신행담을 보내 주는 모든 도반들에게 깊은 감사의 인사를 올린다.

불교의 근간에는 윤회의 법칙이 있다. 모든 생명은 자신의 업에 의해 몸을 받고 수없는 생을 반복한다. 그것은 미생물에서부터 대자유인인 부처에 이르는 길로 나아가는 진화의 여정이기도 하다. 그래서 굳이 종교의 이름으로 묶지 않아도, 누군가는 이 지상의 삶을 '학교'로 비유하기도 한다. 배워야 할 것이 남아 있어서 몸을 받아 세상에 나오는 것이고, 모든 것을 다 배워 졸업해야만 자유로워질 수 있다.

여기까지 온 우리들은 삶이 절대 호락호락하지 않다는 것을 안다. 그것은 겉으로 보기엔 부조리하고 불평등하다. 우리는 난파

직전의 배에 실려 망망대해를 떠돌다 아주 먼 곳까지 이어진 한 줄기 불빛을 좇아 모여든 사람들이다. 그리고 이제까지 부조리하고 불평등하다고만 생각했던 삶이 바로 '나'가 있기 때문이었음을 배우게 된다. 이는 아주 특별한 인연이다. 우리는 진리의 등불을 들어 길을 인도하는 스승을 좇아 이곳에 와 있고, 그 인도를 따라 대자유인으로 가는 길 위에 설 수 있게 된 것이다.

이 얼마나 큰 행운인지! 우리는 더는 망망대해를 나침반도 없이 떠도는 조난자가 아니다. 스승의 바른 가르침을 만났기 때문이다. 거기에는 어떤 일이 닥쳐도 근본에서 물러서지 않게 하는, 믿음을 간직할 수 있게 하는 사랑의 에너지가 담겨 있다.

부처님과 깨친 스승들께서 전해 주신 '법등명 자등명'이라는 가르침에는 근본 불성(自性佛)을 믿고 모든 경계를 그 자리에 되놓아 녹이라는 뜻이 담겨 있다. 이것은 어떤 문제에도 빠짐없이 적용할 수 있는 만능 공식이다. 문제를 풀수록 마음의 힘은 자라나고, 무명에 가려졌던 의식들이 점차 밝아지게 된다.

《공부》에는 오늘을 살아가는 도반들의 '배움이 익어 가는' 과정이 실려 있다. 이 지구상에 세워진 한마음선원이라는 학교에서 부처님의 공식을 배우며, 생활 속 자기 문제에 대입시켜 풀어 나간 문제 풀이집과 같다.

살아가는 모든 순간이 다 공부이다. 그리고 지금 이 책을 만나고 있는 당신도 바로 우리이다.

한마음 저널 편집실에서

목
차

01 빛이 되는 공부

02 푸른 날의 공부

04 세상 속의 공부

01
빛이 되는 공부

춤추는 마음 청소부

조봉순 | 부산지원

여러분은 주인공을 믿으시나요?

저는 마흔여덟 살, 늦은 나이에 마음공부를 시작했습니다. 주인공이 뭔지, 관하는 게 뭔지도 모르던 제가 공부에 확신을 갖게 된 계기가 있었습니다. 처음 선원에 왔을 때가 봄이었습니다. 주인공이 있다는데, 정말 있는지 없는지 실험을 해 보자는 마음으로 고추모종 세 개를 샀습니다. 옆집에 하나씩 나누어 주고 제 모종을 보살피기 시작했습니다. '주인공! 너를 꼭 만나야겠어. 나는 아무것도 모르니 네가 증명해 주면 믿고 공부하겠어.'라고 관했습니다. 물을 줄 때마다 관하고 또 관했더니 무럭무럭 자랐습니다. 옆집에 나눠준 모종들은 시들시들해졌거나 죽어 버렸는데, 우리 집 모종은 잘 자라서 고추가 주렁주렁 열렸습니다. 그래서 '진짜 주인공이 있구나!' 하고 확신을 가지게 되었습니다.

　그다음부터는 음식을 만들거나 무슨 일을 하든지 무조건 주인공을 부르면서 관하기 시작했습니다. 확신을 가지고 공부하다 보니 집안의 많은 문제들이 해결되었습니다. 집도 장만했고 두 아들도 결혼을 하고 나니 '마음공부가 이렇게도 좋구나!' 하고 춤을 출 정도였습니다.

　마음공부를 만나기 전, 오랫동안 남편을 참 많이 미워했습니다. 아이들 뒷바라지하느라 평일에는 회사에 다니고 일요일에는 남몰래 식당 일까지 해 왔으니, 생활력이 없는 남편을 원망하고 미워하는 게 당연하다 생각했습니다. 그런데 공부를 하다 보니 점점 그 마음이 녹아서 어느 날 '주인공! 남편을 위해서 천도재를 지내 주면 좋겠다. 네가 한번 해결해 봐.'라는 마음이 들었습니다. 그동안 남편을 미워했던 게 미안하기도 하고, 차라리 혼자 사는 게 낫겠다고 생각하면서 남편을 무시했던 제 자신이 너무나 부끄러웠습니다. 그 마음을 참회하고 싶었습니다. 그때그때 벌어서 먹고살아야 하니 돈은 없는데 재를 꼭 지내 주고 싶어 열심히 관했습니다.

　그러던 중, 교통사고를 당해 병원에 한 달간 입원하게 되었습니다. 아파서 누워 있으면서도 사고 보상금이 얼마가 되든 그 돈으로 남편을 위한 천도재를 꼭 지내야겠다는 마음만 들었습니다. 남편에게도 그렇게 말을 했고 결국 그토록 바라던 천도재를 지내게 되었습니다. 재를 올리면서 '그동안 미워해서 정말 미안합니다. 남편이 꼭 이 생에 밝아져서 차원이 높아지게 하소서.'라고 깊이 관했습니다.

그 후 남편이 정말 많이 변했습니다. 예전에는 선원에 갈 때마다 올리는 많지 않은 보시금을 보고 "돈을 많이도 갖다 준다.", "뭐 그리 자주 가냐?" 하던 사람이 요즘은 일체 말이 없습니다. 오히려 은행에 가서 신권으로 바꿔다 주면서 부처님 전에 올리라고 합니다. 저도 어느새 미운 마음은 하나도 없고 항상 고마운 마음뿐입니다. 그리고 전에 미워했던 게 미안해서 안 볼 때 남편을 향해 삼배를 합니다. '미안하다, 잘못했다, 고맙다.'라고 마음으로 전하면서요. 요즘도 남편이 밝아져서 차원이 높아지고 지혜로워지기를 관하고 있습니다.

지금은 교육대학에서 청소 일을 합니다. 걸레를 빨 때도 바닥을 닦을 때도, 이건 보이는 때가 아니고 내 마음의 때니까 정말 밝아지게 하라고 늘 주인공에 관을 하지요. 어떤 날은 화장실에 가 보면 너무 더럽혀 놓았을 때가 있는데, '그래, 주인공! 이 쓰레기가 내 속의 쓰레기이니 깨끗하게 해서 밝아지게 해.'라고 관합니다. 교수님들이나 학생들과 마주치면 깨끗한 환경에서 마음 밝아지고 공부 잘해서 꼭 필요한 사람이 되라고 관하고요.

얼마 전에는 학교가 감사를 받게 되어 아침부터 초긴장 상태였습니다. 그날도 청소를 하면서 관했습니다. '주인공! 감사를 하는 분들과 학교의 보이는 마음, 안 보이는 마음이 한마음으로 돌아가 평가를 잘 받아서 우수 학교로 선정되게 해.' 지극한 마음으로 관하고는 혼자서 환하게 웃었습니다. 청소 아줌마인 제가 학교 전체를 위해 이렇게 마음 낼 수 있다는 게 정말 기뻤습니다.

청소를 하고 있으면 학생들이 지나가다가 저한테 부탁을 할 때가 종종 있습니다. "어머니, 저 임용 시험 치는데 기도 좀 해 주세요." 그럴 때면 저는 "학생은 모든 면에서 우수 합격생이에요. 걱정 끝, 행복 시작!"이라고 말해 줍니다. 그러고는 '주인공, 당신이 들었지? 저 학생이 꼭 합격해서 필요한 자리에서 훌륭한 사람이 되게 해. 너만이 할 수 있어.'라고 관합니다.

저는 청소하는 일이 너무 행복합니다. 보이는 쓰레기가 내 속의 쓰레기라고 생각하면 그걸 청소할 수 있는 기회이니 아무리 더러워도 불평불만을 하지 않게 됩니다. 간혹 화장실 청소를 할 때 누가 엉망으로 해 놓은 걸 보면 '주인공, 고마워. 이 쓰레기 정말 깨끗이 치우자.' 하구요. 어느 날은 엉망이 된 화장실을 치우면서 '안 더러워. 이런 일 때문에 우리가 필요하지.' 하며 혼자 웃고 있는데, 옆에 있던 동료가 왜 웃느냐고 물었습니다. "똥이 많아서 웃는다."라고 하니까 "짜증이 나야지 웃음이 왜 나와요?" 그러더군요. "우리는 똥 때문에 돈 벌잖아. 이게 없으면 누가 우리한테 돈을 주냐? 더럽혀 놓은 사람한테 고맙다고 하자."라고 제가 말했습니다. 그러고는 둘이서 정말 많이 웃었습니다.

하루해가 언제 가는지 모를 정도로 너무 행복합니다. 이런 사람 보면 이렇게 관해 주고, 저런 사람 보면 저렇게 관해 주다 보면 하루가 금방 갑니다. 하루에도 몇 번씩 그냥 웃음이 납니다. '주인공, 고맙다.' 하면서요.

동안거 입제하고 매일은 못 가도 월요일과 화요일은 꼭 가야겠다 정해 놓고 있는데, 선원에 가는 날은 배도 안 고프고 몸도 알아서 일정에 맞춰 줍니다. 아픈 데도 없고 얼마나 감사한지 몰라요. 선원에 다녀갈 때면 너무 좋아서, 내려가는 길에 사람이 없으면 나무 밑에서 춤을 춥니다. 저처럼 배우지 못한 사람도 주인공 공부를 할 수 있다는 게 너무 좋습니다. 정말 더 많은 사람들이 함께했으면 좋겠습니다.

90호 · 2016년

어둠 속에서 찾은 빛

한정순 | 본원

숨이 헉헉 차오르는 칠월의 한낮. 고등학생인 둘째 아이와 선풍기 앞에 나란히 누워 지난 이야기를 하던 중이었다.

"엄마, 요즘 행복하시죠? 근심 걱정 없으시죠? 저도 그래요. 요즘은 아빠가 술을 안 드시니까 참 좋아요. 예전엔 아빠가 술을 드시고 오면 제발 빨리 잠들게 해 달라고 얼마나 빌었는지 몰라요. 그런데 형은 코를 골며 잤어요. 어떻게 그럴 수가 있나 싶어서 형을 깨웠어요. 아빠가 얼른 잠들게 해 달라고 같이 기도하자고요. 그러면 형도 일어나 두 손 꼭 모으고 같이 기도를 했어요."

그 말을 듣는 순간 눈물이 핑 돌았다. 어른들의 생각 없는 행동 때문에 캄캄한 방에서 죄 없는 아이들이 얼마나 마음을 졸였을까….

그랬다. 재작년까지만 해도 남편은 술을 즐겨 마셨는데, 주사가 아주 심한 편이었다. 애들 할아버지도 그랬고 시동생들도 그랬다. 술만 먹었다 하면 순한 양이 악마로 변해 모든 게 남의 탓이었고, 만만한 마누라한테 화풀이를 했다. 결혼 초, 시부모님과 한집에 살 때 일주일에 한 번씩은 집안싸움이 났다. 그럴 때마다 시아버지가 내 편을 들면 남편은 아버지와 살라고 하면서 만삭이 된 나를 얼마나 두들겨 팼는지 모른다. 언젠가는 술을 먹고 들어온 남편이 동네 남자들에게 왜 잘해 주냐고, 바람이 났냐며 내게 주사를 부리고는 속옷만 입혀 온 동네를 끌고 다닌 적도 있었다. 그때의 치욕은 죽어도 잊지 못할 것 같다.

시아버지도 별반 다르지 않았다. 어린아이들을 맡기고 들에 나가 일을 하고 들어오다 보면 땡볕 아래 길바닥에서 술에 취해서 주무시고, 그 옆에서 애들도 엎드려 자고 있었다. 그 모습을 보면 가슴이 미어졌다. 오늘은 또 무슨 일이 일어날까 매일 불안해하며 15년을 살다 보니 스트레스가 쌓여 위장병에 시달렸다. 그런 엄마의 모습을 어려서부터 봐 온 아이들은 지금껏 속 한번 썩이는 일 없이, 공부 잘하고 농사일도 잘 거드는 착한 아이들로 자라 주었다.

나는 농사짓고 사는 가난한 시골 아낙네다. 요즘은 하우스 작물을 키우는데 계절이 따로 없다. 사시사철 비닐하우스 속에서 수박,

참외, 호박 농사를 짓는다. 남편은 농기계 부리는 일 이외의 잔일은 싫어하니 논밭의 잔일들은 다 내 몫이다. 얼굴은 늘 새카맣게 타서 멋 부릴 새도 없다. 오죽하면 아이들이 텔레비전에 내 나이 또래의 여자 탤런트가 나오면 "저 사람도 엄마하고 나이가 같은데…." 하며 안쓰러워한다. 3년 전만 해도 그 말이 그렇게 서글플 수가 없었다. 울기도 많이 울었다. '아직 이런 소리 들을 나이가 아닌데….' 하며. 그렇지만 지금은 아니다. 손발이 퉁퉁해져 어디다 내놓기 부끄러워도, 호박값이 새우깡 한 봉지 값만 못해도 마음은 늘 편안하다.

마음공부를 하는 언니와 형부를 통해 한마음선원을 처음 알게 되었다. 한마음, 무언가 굉장히 넓어 보이는 것이 내 가슴 가까이 와서 착 붙는 느낌이었다. 해를 동무 삼아 일만 하는 나에게 책 읽을 여유가 어디 있으며 스님 법문 들을 기회가 어디 있었을까? 그런 나에게 좋은 가르침을 전달해 주는 형제가 있다는 것은 참 큰 복이었다. 누군가에게 의지하고 싶었는데, 이 서러운 인생 어디다 던져 버리고 싶었는데, 언니와 형부가 하는 말 한마디 한마디가 내 마음을 편하게 해 주었고 옛날의 서러운 일들을 잊게 해 주었다.

언젠가 신세 한탄을 하는 나에게 언니가 말했다. "네가 이 세상에 태어났기에 그런 사람들과 연을 맺은 거야. 다 네 탓이다. 너만이 그들을 달랠 수 있어. 너는 할 수 있어." 그 얘기를 듣고 나는 생각했다. '그래, 맞아! 내 전생에 지은 죄 많아 이런 인연을 맺었으니

이 생에서 이 업을 씻어 버려야지. 그런데 내가 할 수 있는 일이 무엇이 있을까?' 언니 말대로 밤낮으로 주인공을 찾아보았다. '일체의 현상을 당신에게 맡깁니다.' 하며 수없이 두드리고 두드렸다.

그러던 중에 재작년 겨울, 안양 한마음선원에 처음 가 보았다. 선원에 가기 전에 형부가 남편에게 절하는 법을 가르쳐 주겠다며 따라 해 보라고 하자, 뜻밖에도 남편은 생전 해 보지 않았던 절을 순순히 따라 했다. 그런 남편을 보는데 가슴이 뭉클했다. 법당에 무릎을 꿇고 앉아 있는 모습을 보며 '과연 저 사람은 마음속으로 무슨 생각을 하고 있을까?' 궁금했다. 그날 이후로 큰스님을 직접 뵙지는 못해도 내 땀으로 지은 농산물을 가끔 감사의 표시로 선원에 보내곤 했다. 그런데 지금은 남편이 그 일을 더 좋아한다. 정말 감사할 뿐이다.

어느 날인가, 남편이 느닷없이 "나 술 끊어 버려야지."라고 했다. 그러고는 지금까지 술을 입에 대지 않는다. 먹고 싶은 마음이 전혀 없다는 것이다. 벌써 2년이 되어 간다. 또 하루는 잠결에 머리가 따끔거려 무슨 일인가 하고 눈을 떴다. 세상에! 남편이 내 흰머리를 뽑고 있었다. "어휴, 어느새 흰머리가 이렇게 많이 생겼어? 엄청 뽑았네." 하고 천연덕스럽게 말했다. 일찍 잠든 나를 보며 왜 흰머리 뽑아 줄 생각을 하였을까? 남편을 쳐다보며 생각했다. '주인공, 감

사해. 정말 감사해. 너만 믿을게.'

　집안에는 마흔이 다 되도록 제 손으로 돈 한 푼 벌어 보지 않고 그럭저럭 살다가 죽으면 그만이라는 시동생이 하나 있다. 해마다 비닐하우스에서 작물이 나올 때쯤이면 내려와 돈을 내 놓으라고 억지를 부리고 혼자 살고 계신 어머니의 살림살이를 다 부쉈다. 오죽하면 남편 몰래 결혼반지를 팔아 마련한 돈을 쥐어 주며 "제발 이 돈 갖고 가서 다시는 내려오지 마세요."라고 눈물로 신신당부를 했을까. 사람이면 안 오겠지 했는데, 그 돈을 다 까먹고 또 왔다. 그러니 주먹이 먼저인 남편과 시동생 사이에 형제간 우애라고는 찾아볼 수 없었다. 실컷 얻어맞고 다시는 안 오겠다고 이를 갈고 가지만 때가 되면 다시 오고, 남편 역시 핏줄인지라 찾아오면 할 수 없이 또 받아 주는 일이 반복되었다.

　올해도 추석이 가까워지면서 내 가슴은 콩닥거리고 부글부글 끓었다. 모든 것을 주인공에 맡기며 수없이 불러 보았지만 여전히 답답하기만 했다. 시동생이 내려오겠다고 한 추석 전날, 일찍 눈을 뜬 나는 '오늘이구나. 제발 이번만은 아무 일 없게 해. 주인공, 너에게 모두 맡길게. 넌 할 수 있지? 너만 믿을게.' 하고 간절히 불렀다. 그런데 이상했다. 마음이 불안하지 않고 편안했다. 내가 너무 소홀했나 싶어 다시 부르면서 간절히 관했다. 차례 준비를 하면서도 열심히 주인공을 찾았다. 마음이 편안해서 오늘은 별일 없으려나 하는 생각이 들었다. 사진으로만 뵌 적이 있을 뿐인데도 큰스님의 웃는 모습이 보이는 것 같더니 오른쪽 귓전에서 "괜찮아."라고 말씀하시는 것 같았다. 눈물이 났다.

오후에 시동생 내외가 왔다. 시동생 얼굴을 보니 뜻밖에도 반가웠다. 동서가 들어오며 "형님, 이 사람 술 안 마시기로 약속하고 왔어요."라고 말했다. '아하, 그랬구나. 그랬어.' 속으로 생각하며 시동생에게 말했다. "삼촌, 약속 꼭 지켜요. 안 그러면 나 이제 다시는 삼촌 안 봐요."

정말 아무 일도 일어나지 않았다. 처음으로 명절다운 명절을 보낼 수 있었다. 그리고 한 번도 간 적 없는, 멀리 있는 조상님 묘까지 함께 성묘를 갔다. 이튿날, 한 번 오면 일주일은 돼야 겨우 갈까 말까 하던 시동생 식구가 가겠다며 일어섰다. 반가운 마음에 키우던 닭을 세 마리나 잡아 주었더니 입이 항아리만큼 벌어졌다. 참 오랜만에 찾아온 평온이었다.

그리고 이상한 일이 또 일어났다. 쌀이며 고추며 양념이며 늘 거저 갖다 먹던 시동생이 올해는 고춧값이라며 돈을 보내온 것이다. 그 돈이 내 몫은 아닌 듯싶어 백중날 시동생 등을 달아 주었다. 이제는 알 것 같다. 어떻게 살아야 하는지를.

추수가 시작되었다. 올해 첫 수확도 선원에 얼른 보내야지. 무공해 쌀 잡수시고 모두모두 건강하시라고. 올겨울엔 큰스님 모습 멀리서나마 한번 뵐 수 있으려나.

6호 · 2002년

긴 터널을 지나서

이복란 │ 본원

　선원에 첫발을 내디딘 건 1990년 봄이었다. 지인에게 공부할 수 있는 절을 찾아 주던 중 친구로부터 한마음선원을 소개받았다. 그 당시 나는 어떤 종교도 갖지 않겠다고 남편과 약속을 한 상태였지만, 지인을 위해 선원에 함께 왔다가 지역 신행회 법회에 몇 번 참석하게 되었다. 법회에서 들은 스님의 말씀은 너무 어려워서 도무지 이해가 되지 않았다.

　그해 겨울이었다. 고등학교 1학년이던 아들이 자전거를 타고 학원에 다녀오다가 건널목에서 교통사고를 당했다. 병원에 달려가 보니 아들은 의식이 없는 상태에서 몸이 용수철처럼 튀어 오르며 반동하고 있었다. 의사는 이삼 일을 넘기기 힘드니 준비하라고 했다. 앞이 캄캄하고 아무 생각도 나지 않았다. 꿈인지 현실인지 분간할 수 없었다. 사흘째 되는 날 잠깐 눈을 붙였는데, 꿈속에서 아들이 자기 명찰과 깃을 달라고 했다. 깨끗이 씻어 다려 주겠다고 대답하고 눈을 떴다. 그날 뇌압이 올랐지만 아들은 무사히 고비를 넘겼다. 그러나 발자국 소리에 눈동자를 약간 움직이는 듯 보일 뿐, 사십 일이 지나도 의식을 찾지 못했다.

그 후 재활 병동에서의 생활이 시작되었다. 처음엔 말을 하지도 고개를 까딱이지도 못했다. 앉을 수도 설 수도 없는 나무둥치 같은 상태였다. 하지만 살릴 수 있을 거라는 희망의 끈을 놓지 않았다. 튜브로 음식을 넣어 연명하다가 차츰 죽으로 넘어갈 때 다시 고비가 찾아왔다. 전혀 음식을 받아먹지 않는 것이었다. 그 상황에서 어떤 의사도, 어떤 말도, 그 어떤 것도 절벽 앞에 선 나에게 힘이 되지 못했다. '이러다가 아이를 영영 저 세상으로 보내는 게 아닌가.' 하는 생각이 들었다. 그때 나를 잡아 준 한 가닥 희망은 오직 둘 아닌 주인공에 대한 믿음뿐이었다. '주인공만이 이 터널에서 나가게 할 수 있다.'라는 믿음만이 나를 지탱해 주었다.

이후 아들은 조금씩 차도를 보였다. 38kg의 상태에서 매주 1~2kg씩 체중이 늘었고 얼굴이 제법 사람다워졌다. 하지만 마음이 한결 가벼워졌다고 느낄 무렵, 또 하나의 고비를 맞게 되었다. 아들이 음식에 엄청나게 집착하는 것이었다. 의사는 "뇌를 다친 환자의 몸무게가 이렇게 계속 늘어나면 영영 바보가 되어 말을 할 수도 없고 걸을 수도 없게 됩니다. 먹는 것에만 집착하며 평생 누워서 생활하는 사람이 될 수 있습니다."라고 청천벽력과 같은 말을 했다. 그때부터 식사량을 철저히 관리하기 시작했다. 그런데 시부모님이 손자를 보러 오실 때마다 먹을 걸 잔뜩 싸 와서 "잘 먹는 애를 왜 못 먹이게 하느냐?" 하고 야단을 치셨다. 그때마다 나는 힘겹게 버텨 오던 것들이 폭발해서 병원을 뛰쳐 나와 울고불고했다. 그간의 꿋꿋했던 마음이 무너지는 것이었다. 아들 앞도 내 앞도 아무것도 보이지 않았다.

그러나 그 모든 것은 자성불 주인공 자리에서만이 해결할 수 있었다. 누가 대신해 줄 수 있는 게 아니었다. 마음을 추슬러서 다시 일어났다. 주변의 모든 분들이 나와 둘이 아니라는 믿음으로, '그래, 주인공! 목이 마르면 물 한 바가지 마실 수 있는 힘이 나에게 있다는 걸 증명해 봐.'라고 관하며 일심으로 정진해 나갔다. 그러한 시련을 통해 믿음이 더욱더 깊어지게 되었다.

큰스님의 가르침을 실천하고 체험하는 6개월의 병원 생활 후, 아들은 마침내 혼자 수저를 들 수 있게 되었고 휠체어로 이동할 수 있을 정도로 호전되었다. 그 뒤 3년 동안은 눈만 뜨면 아들을 데리고 언어·운동·작업·물리 치료를 받으러 다니는 것이 하루 일과였다. 책받침에 인쇄된 글자를 하나하나 짚으며 가나다라 소리 내는 연습도 시키고, 걷기 연습도 시켰다. 고맙게도 아들은 그런 엄마의 극성에 잘 따라 주었다.

그런 중에도 놀랄 일들이 계속 일어났다. 걷지도 못하면서 갑자기 학교에 가야 한다며 침대에서 내려오고, 야외에 있다가 잠깐 병실로 담요를 가지러 간 사이에 혼자 걷는다며 휠체어에서 벌떡 일어나다 넘어져 앞니 다섯 개가 깨지기도 했다. 스케치북에 연필로 반복해서 쓰게 하며 걸을 수 없는 상황을 아들에게 인식시켜야 했다. 그렇게 매 순간 고비가 올 때마다 '오직 주인공, 너만이 이 상황을 바로잡아 나갈 수 있어.'라고 관했다. 마음공부를 몰랐다면 견디기 힘든 시간이었을 것이다.

처음 병원 생활을 할 때, 지인이 《한마음요전》을 주면서 읽어 보라고 했다. 《한마음요전》에는 눈이 뜨이고 마음이 열리는 글들이 가득했다. 큰스님 말씀을 처음 접하는데 한 글자, 한 구절, 어느 것 하나 빠짐없이 전부 나를 위한 것처럼 느껴졌다. 눈물이 앞을 가려 읽지 못할 정도로 가슴속 깊이 와 닿았다. 법문 읽기를 반복하며 마음의 문이 열렸고, 아들을 바라보는 마음도 달라지고 세상 모든 것들도 다시 보게 되었다. 아들만 보면 눈물이 나던 것도 바뀌었다. 내가 즐겁게 웃고 밝은 마음을 가져야 아들이 밝은 기운을 받아 빨리 회복할 수 있다는 믿음으로, '주인공, 네가 아들의 모습을 이렇게 바꿔 놓았으니 바로 돌려놓는 것도 너만이 할 수 있잖아. 꼭 그걸 증명해 봐.' 하면서 생활해 나갔다.

큰스님께 새해 인사를 올리던 날, 신행회장이 내가 처한 상황을 스님께 간단하게 말씀드렸다. 처음으로 스님 앞에 다가갔을 때 눈물을 하염없이 흘리면서 엉엉 소리 내어 울었다. 스님께서는 "네 주인공만 믿고 가면 돼."라고 말씀하셨는데, 그 말씀이 지금도 귓가에 맴돈다.

열심히 노력한 덕분에 아들은 부족하지만 다시 말을 할 수 있게 되었고, 혼자 걷고 샤워도 한다. 학습이 어려운 상황임에도 공부의 끈을 놓지 않은 덕분에 검정고시를 통과하고 대학에 입학하여 4년 과정을 무사히 마쳤다. 지금은 집에서 하는 직업도 갖게 되었는데, 가끔 외출했다 돌아와 보면 엄마를 도와주고 싶다며 불편한 손으로 설거지를 말끔히 해 놓는다. 아들은 지금 본원 청년회에 다닌다. 볼 때마다 마음이 짠하고 순간순간 공부 재료를 주지만, 따뜻한 말로 화답해 주다 보면 서로가 편안해진다.

이제 나는 내 생각과 관념으로 '안 된다'는 생각을 만들지 않고, 항시 자유자재할 수 있는 여유를 가지려 한다. 자성본래불, 주인공이 다 알고 이끌어 가고 있음을 순간순간 놓치지 않으려 열심히 정진해 나가고 있다. 나도 많이 부족하고 아들도 부족한 점이 많지만, 이렇게 감사하며 살 수 있는 것은 모두 "네 주인공만 믿고 가면 돼!" 라는 스님의 말씀에 믿음과 용기, 밝은 마음이 생겼기 때문이다.

84호 · 2015년

마음 편히 사는 재미

송금희 | 광주지원

8년 전 새로 발령을 받아 부임한 학교에서 한마음선원에 다니는 선배 교사와 종교에 대해 얘기할 기회가 있었다. 20여 년 동안 절에 다녔지만 기복으로만 매달리던 나는 선배의 마음공부 이야기를 듣고 그 길로 선원을 찾아갔다. 처음에는 어렵고 서툴러서 많이 힘들었지만 그럴 때마다 스님들께서 마음공부 하는 방법을 잘 일러주셨다. 바쁜 시절이었지만 주인공에 모든 것을 맡겨 놓는 마음공부의 매력에 이끌려 선원 일을 다른 어떤 일보다 우선으로 정해 놓고 다녔다. 그렇게 몇 년이 지난 어느 날, 나 자신이 많이 변해 가는 것을 발견할 수 있었다.

첫째, 마음의 변화였다. 예전엔 스스로 잘나고 똑똑하다는 생각에 빠져서 잘못된 일과 만족스럽지 못한 결과를 항상 남 탓으로 돌렸고 원망과 불만으로 가득했었다. 그런데 주인공 자리에 돌려놓는 관을 하다 보니 잘못된 일을 스스로 반성하며 '그래, 내 탓이야. 전 자의 내 모습이야.' 하고 둘로 보지 않게 되었다. 그렇게 마음공부 에 조금씩 가속도가 붙게 되면서 매사가 원만하게 해결되어 갔고, 늘 고통스럽던 건강 문제도 차츰 나아지기 시작했다.

둘째, 관하는 법을 알게 되었다. 처음에는 무슨 일이든 미리 정해 놓고 그대로 될 수 있게 하는 것이 '관觀'인 줄 알았는데 뜻대로 되지 않을 때가 많았다. 그럴 때마다 '주인공도 무심하구나. 해도 되질 않는구나.' 하고 허탈해하면서 원망을 했다. 그러나 포기하지 않고 선원에 열심히 다니며 공부하는 동안 어려운 일이 생길 때만 맡기 는 것이 아니라 평소에도 생활의 모든 것을 믿고 맡기는 것이 관이 라는 것을 알게 되었다. 주인공을 100% 믿고 맡기는 것이야말로 오 늘을 자유롭게 해 주고 세세생생 마음 편하게 사는 법이라는 것을, 스스로 하나씩 체험해 가면서 깨달을 수 있었다.

셋째, 자유인의 길을 갈 수 있어 좋다. 선원에 다니기 전에는 어 떤 일을 할 때마다 이래서 걸리고 저래서 걸렸다. 이것은 해도 되고 저것은 해서는 안 되는 경우가 많아서 가정에서도 직장에서도 내내 힘들고 갈등이 많았다. 그럴 때마다 머리가 아프고 마음이 무거웠 다. 그러나 지금은 어려운 일이 생겨도 공부 재료라고 생각하고 그 자리에 믿고 맡기기 때문에 편한 마음으로 해 나갈 수 있다.

3년 전, 남편이 먼 곳으로 발령받아 가게 될 형편이었다. 섬 생활은 힘들어서 꼭 육지로 발령받았으면 하는 게 남편과 내 바람이었다. 스님께 사정을 말씀드리고 주인공 자리에 관하며 맡겨 놓았다. 그러나 육지냐 섬이냐 하는 문제보다 남편을 정말 필요로 하는 자리에 발령이 나도록 마음을 냈다. 결국 섬의 작은 분교로 발령이 났다. 남편은 아무리 좋게 생각하려 해도 마음이 편치 않은 것 같았다. 주인공에 맡겼다지만 짐을 싸서 남편을 혼자 보내야 하는 내 마음도 좋을 리 없었다. 그런데 막상 섬에 가서 보니 모든 면에서 육지보다 조건이 좋았고 생활환경도 편했다. 몇 개월이 지나자 남편은 "너무 좋은 곳으로 발령이 난 것 같다."라며 아주 만족스러워 했다.

　그렇게 3년의 섬 생활을 하고 새로 발령을 받을 조건이 되었다. 아무리 편하고 좋은 환경이라 해도 가족과 떨어져 혼자 지내는 생활은 이제 그만했으면 싶었다. 그러나 남편은 가까운 학교에 빈 자리가 두 곳밖에 없어서 이번에도 어렵겠다며 걱정을 했다. 선원에 가서 스님께 다시 사정을 말씀드리고 돌아오는데 "값진 물건을 사려면 그만한 값을 치러야 되지."라는 스님의 법문이 문득 떠올랐다. 다음 날 큰 마음을 내어 선원에 정성금을 올리고 더 굳은 믿음으로 주인공에 관하며 맡겼다.

　섬에서의 임기를 무사히 마치고 집으로 돌아온 남편은 아무래도 먼 육지로 발령이 날 것 같으니 짐을 풀지 말고 그대로 두라며 포기한 듯 말했다. 나는 '주인공! 정년이 6년밖에 남지 않았잖아. 이제 한 번만 더 옮기면 되니까 이번에도 남편에게 꼭 맞는 자리에 발령이 나게 해.' 하고 간절하게 관했다.

인사 이동 발표 당일, 남편은 원하는 곳에 발령이 나지 않을 것이라 생각했는지 확인해 볼 생각도 하지 않았다. 내가 대신 아침 일찍 컴퓨터를 열어 보았다. 서로 가고 싶어 해서 경쟁률이 높은 자리에 남편 이름이 올라와 있었다. 너무 기쁘고 고마워서 눈물이 왈칵 쏟아졌다. 나중에 알아보니 3년 전에 섬으로 가지 않았다면 주어질 수 없는 자리였다. '주인공, 고마워! 정말 고마워!' 정말 확실하게 믿고 맡겨 놓으면 틀림없이 해결되는 공부 맛을 보았던 것이다.

주인공에 맡겨 놓는 법을 알게 되면서 실제로 많은 문제들이 쉽게 풀려 갔다. 살아가면서 여러 가지 중요하고 어려운 일들을 만날 때마다 주인공에 맡겨 놓고 정말 편하게 대처해 나갈 수 있었다. 그 결과 많은 것을 배우고 또 얻었다. 내가 한다는 생각으로 하지 않고 그 자리에 확실하게 믿고 맡기면 알아서 척척 해결되는데 내가 무엇을 생각하고 할 것이 있겠는가! 마음 편히 사는 재미를 알게 된 이 공부 인연에 항상 감사할 뿐이다.

6호 · 2002년

나로부터의 시험

이혜영 | 본원

도량탑 옆 늠름한 호두나무에 어린 제비 주둥이 같은 새싹이 돋아난다. 잘 익어서 이롭게 쓰일 생명의 그늘 아래서, 나 또한 이롭게 쓰이는 참사람이 되기를 간절히 염원해 본다.

11년 전 다른 절에서 법명을 받았지만, 기복적인 불교가 아닌 진짜 공부를 하고 싶다는 생각으로 혼자 책을 통해 공부해 왔다. 큰 어려움 없이 평범하게 살아 왔지만, 네 아이를 키우면서도 복을 비는 기도가 잘 나오지 않던 나는 스스로 냉정한 사람인가 반문하기도 했다. 하지만 제대로 행하고 바르게 살아간다면 결과는 저절로 따라오는 것이고, 예상과 다른 결과는 받아들이면 되는 것이지 기도한다고 물속의 바위가 떠오르지 않을 거라 생각했다. 그러면서 나름 인간다운 삶을 살면 되는 것이라 생각했다.

'그렇다면 어떻게 사는 것이 인간다운 것인가, 나는 무엇인가, 이 세상은 어떻게 이루어졌으며 어떤 이치로 돌아가는가….' 끊임없이 떠오르는 의문들을 풀고자 딴에는 공부라는 말을 붙여도 될 만큼 뜨거웠다. 이 의문을 풀지 못한 채 산다는 게 너무나 허망하게 느껴졌다.

끝없이 돌고 도는 삶의 굴레 속에서 벗어나기 힘든 절망감을 느낄 때, 남편의 권유로 안양 한마음선원에 첫발을 내딛게 되었다. 전화로 안거 신청을 해 놓고 내가 앉을 자리인지 미리 가서 봐야겠다는 생각이 들었다. 법당을 향해 계단을 천천히 올라가는데 맑고 강한 기운이 온몸으로 느껴졌다. 법당에 들어서는 순간, 온몸의 세포들이 알알이 환희심에 가득 차 전율했다. 삼배를 올리고 앉아 내부를 찬찬히 살펴보는 내 눈에는 눈물이 폭포수처럼 흘렀다. '저기 저 말씀은 내가 그토록 원하던 말씀이다! 여기 오려고 그렇게 긴 시간을 돌았구나!'

그 후 석 달 만에 《한마음요전》과 《허공을 걷는 길》 열두 권을 단숨에 읽었다. 사막을 헤매던 내게 법문집은 생명수였다. 불佛이란 이 세상의 진리이자 돌고 도는 자연의 섭리이며, 그 가르침을 편 것이 불교佛敎라는 한 말씀에 많은 의문들이 저절로 풀려 버렸다.

하안거가 끝나자 희망이 보이는 듯했다. 자신감이 생겼다. '성불, 그거 없는 소리가 아니었구나. 놓치지 말고 따라가 보자.'라는 생각이 들었다. 그때 안에서 소리가 들렸다. '그래? 그럼 해 봐!'

얼마 후 8월의 어느 일요일 밤, 자정이 넘은 시간에 전화벨이 울렸다. 공군 통역병으로 입대해 대구 카츄샤에 파견 근무 나가 있던 둘째 아들의 주임 원사였다. 아들이 좀 다쳤다고 했다. 다음 날 근무해야 하는 남편을 생각해 혼자 내려갔다. 자동차의 헤드라이트가 어두운 고속도로를 밝힐 때, 확연히 느꼈다. 양미간 사이에 자동차 불빛보다 더 강한 불이 켜지는 것을!

운전하며 큰스님을 세 번 외쳐 불렀다. '다쳤으나 장애가 남지 않고, 이 일로 인해 큰 공부가 되어지이다! 잘되고 잘못되고가 없다. 배우면 잘되는 것이고, 못 배우면 잘못되는 것이다.'라고 관하며 오직 나를 이끌고 가는 강한 에너지, 그 자리만 노려보았다.

서울에서 대구까지 2시간 50분 만에 도착했다. 아들의 상태는 안면 골절 5개, 골반 골절 2개에 양 손뼈가 바스러지고 뇌진탕으로 인한 단기 기억상실증까지 보이는 중상이었다. 아들은 5분마다 왜 몸이 움직여지지 않느냐, 여기가 어디냐, 묻고 또 물었다. 앰뷸런스를 타고 대구에서 분당 국군수도병원으로 아들을 옮길 때의 심정은 다시 떠올리기조차 힘들다.

군대는 또 다른 세상이었다. 세상의 상식이 통하지 않는 강압적인 군의 민낯을 보며, 그동안 세상의 아픔에 공감하며 산다고 착각했던 나를 뼈저리게 반성했다. 내 아이의 고통보다 다른 장병들의 아픔에 더 가슴 저리고 눈물이 났다. '이 아이들도 다 내 아들이구나.' 나는 그래도 내 아이의 병상을 지키고 있으나, 먹고사는 일에 급급하고 힘없는 부모들은 그마저도 어려워서 고스란히 억울한 일을 당하고 있는 것이 현실이었다.

군의 특성상 간병인을 쓸 수 없어서 출퇴근하듯이 집과 병원을 오갔다. 나의 일과는 이른 아침부터 밤까지 아들의 곁을 지키며 대소변을 받아 내고 씻기고, 검사와 수술, 치료를 위해 수없이 앰불런스를 타는 것이었다. 그 어지럽고 고통스런 모든 상황 속에서 밖으로 항의하는 대신, 마음을 한데 모아 관했다. 침대 옆 간이의자에서 《뜻으로 푼 천수경》을 독송하고 관하는 시간을 정해 지켜 나갔다. 점차 마음이 안정되고 행복감으로 충만해져 갔다. 병동 내의 군의관과 간호장교가 "어머니, 여긴 바깥세상과 다릅니다. 소리치고 화내고 물건도 집어던지며 강하게 대응해도 될까 말까입니다. 그렇게 조용히 교양 있게 하시면 안 됩니다. 너무 모르시네요."라고 귀띔해 주었으나 나는 속으로 대답했다. '알기에 이럽니다.'

두 달이 지날 때쯤, 선원에 너무나 가고 싶었다. 힘이 떨어진 것이다. 군 병원 안에 절은 보이지 않았다. 그날 밤 꿈을 꾸었다. 국군 수도병원의 교회 십자가가 보이고, 그 옆에 울창한 숲 사이로 기와 지붕이 살짝 보였다. 선원에 가고 싶으니 이런 꿈도 꾸는구나 생각했다. 그러나 너무도 생생한 그 장면이 계속 떠올라, 이틀 후 미친 척 꿈속의 장소를 찾아 나섰다. 1층에서부터 샅샅이 뒤지며 본관 3층 베란다로 나가 보니 꿈속의 그 장면과 똑같았다. 정신없이 달렸다. 연병장을 산책하던 사람들이 힐끔힐끔 쳐다봤다. 얼굴은 눈물 범벅이 된 채 내달리다가 주저앉아 손뼉 치며 하하하 웃고 또 다시 내달리는 중년의 아줌마. 영락없이 제정신이 아닌 듯 보였을 것이다. '선원에 가고 싶다는 생각을 한 것은 누구며, 꿈으로 보여 준 자는 누구며, 지금 달려가는 나는 누구인가!' 그렇게 찾아간 절에서 눈물로 자성불에 감사의 삼배를 올렸다.

아들을 무단이탈로 모는 군대와의 기나긴 싸움으로 지쳐 가면서도, 이 일로 인해 아픔을 겪거나 원한을 갖는 이가 없도록 간절히 관했다. 세상이 몹시 낯설고 외로웠다. 절을 향해 걸어가는데 늙은 길고양이가 나를 바라보았다. '걱정하지 마.' 분명 큰스님의 목소리였다. 순간, 눈물을 터뜨리며 고양이를 향해 합장했다. 그리고 확신했다. 일이 잘 해결될 것이며, 그 자리에서 이끌어 가고 있다는 것을.

아들은 입원한 지 꼭 100일 만에 병원을 벗어났다. 후유증이 남을 수 있다는 군의관의 소견이 있었으나 재활 치료 없이 깨끗이 완치되었다. 그리고 법적으로 무혐의 확정을 받아 의가사 제대를 하게 되었다. 여러 번 찾아와 힘이 되어 준 도반들과 간절히 마음 내주신 법사스님, 그분들의 고마움을 잊지 못할 것이다. 무엇보다도 수승한 가르침을 주신 대자대비하신 큰스님의 은혜는 표현할 길이 없다. 목이 메일 뿐이다.

돌이켜 보면, 그 사건은 나로부터의 시험이었던 것 같다. 이끌고 가르치고 체험케 하는 그 자리! 오늘도 배우는 하루이길 바란다.

99호 · 2018년

남편의 약속

권은경 | 본원

19년 전, 선원에 처음 왔을 때 결핵성 임파선이라는 병을 앓고 있었다. 그 병은 연주창이라고도 하는데 옛날에는 목이 떨어져 죽는다고 하던 무서운 병이다. 선원에 오기 전 수술을 두 번이나 했는데 그것이 다시 자라나고 있었다. 또 수술을 해야 할지 모른다는 두려움으로 극도의 불안감에 시달렸다. 가문을 중시하던 양쪽 집안 어른들 말씀에 따라 중매로 결혼한 남편과도 사이가 안 좋아 몸과 마음이 파탄 직전이었다.

그 무렵, 친구 집에 있던 《도道》와 《무無》라는 책을 빌려 읽게 되었다. 내가 원하던 뭔가와 딱 맞는 것 같았고, 책에 나오는 스님이 계시는 절에 가면 살 것 같은 느낌이 들었다. 그리고 우연히 한마음선원에 다니던 분을 알게 되어 아이를 업고 따라갔다. 그 후 남편과 함께 큰스님을 친견하게 되었는데 정말 이상하게도 그동안의 불안한 마음이 없어졌다. 그렇게 선원에 계속 나오면서 병에 대한 걱정이 없어지고, 두려움이 사라지자 병도 없어졌다. 그리고 하는 일마다 안 되던 남편도 승진하게 되고 아이도 잘 자라 줘서 걱정이 다 없어진 것 같았다.

선원에 나오고 7년 뒤, 시할머니 49재를 앞둔 어느 날이었다. 무언가 만들어 보겠다는 남편을 도와 커다란 나무를 함께 들고 오다가 나도 모르게 손에 힘이 탁 풀렸다. 나무에 찍힌 다리가 무섭게 부어올라 동네 병원을 찾았다. 복숭아뼈가 박살이 나서 수술을 해야 한다고 했다. 큰 병원을 찾을 생각도 않고 그 병원에서 수술을 했는데 문제가 생겼다. 의사가 자신이 없었는지 친구 의사를 불러 수술을 했는데, 상처가 완전히 아문 후에 해야 하는 깁스를 너무 빨리 해 버린 것이었다.

한 달 후에 깁스를 풀러 오라는 말만 믿고 아무런 의심 없이 돌아왔는데, 며칠이 지나도 자꾸 가렵고 진물이 흘렀다. 땀이 차서 그런 줄만 알고 참다가 한 달 후에야 병원을 다시 찾았다. 의사는 뼈가 안 붙었으니 보름 후에 다시 오라고 했다. 그제야 남편이 이상하다며 서울에 있는 큰 병원에 찾아가 보자고 해서 다시 진단을 받았다. 뼈는 붙었는데 깁스를 풀고 보니 살이 모두 썩어 있었다. 의사도 놀라며 균이 뼈까지 들어가 다리를 잘라야 할 것 같은데 일단 조금만 더 지켜보자고 했다. 나는 그 자리에서 실신하고 말았다.

밤새 잠을 잘 수가 없었다. 너무 절망적인 상황에 맞닥뜨리니 눈에 보이는 게 없었다. 자식도 남편도 뒷전이었고 친정으로 돌아가야 할 것 같았다. 뜬눈으로 밤을 새고 새벽에 일어났는데 역시 잠을 못 자던 남편도 따라 일어났다. "내 다리가 잘릴지도 모르는데, 다리가 없어도 날 데리고 살 거예요?" 하고 남편에게 물었다. "당신이 팔병신이 되든지 다리병신이 되든지 데리고 살 거다. 아무 상관 없다. 나만 믿어라." 남편이 안아 주며 말했다. 그렇게 함께 붙들고 울었다. 마음속에 크게 응어리져 있던 것이 녹아내리는 것 같았다.

그래도 마음으로 의지할 수 있었던 것은 큰스님이었다. 남편에게 스님을 한번 뵈러 가자고 했다. 남편은 선원에 다니는 것을 반대하지는 않았지만 좋아한 것도 아니었는데, 흔쾌히 허락하고 나를 스님께 데리고 갔다. 고름이 흐르는 다리를 붕대로 칭칭 감은 채 목발을 짚고 선실로 올라갔다. 마음 깊은 곳에서 '주인공, 당신이 있다면 이 다리를 자르지 않게 해! 다리를 자르지 않으면 평생 움직여서 포교를 하고 백배 천배 은혜를 갚을 테니 당신이 나를 살려!' 하고 굳게 원을 세웠다. 스님 앞에 가서 "스님, 저 다리를 잘라야 한답니다."라고 말씀드리니 스님께서 가만히 보고 계시다가 "잘 관觀하고 잘 가라."라고 하셨다. 다른 말씀은 없으셨지만 내 상태나 발원을 스님은 다 아시리라 믿었다. 용기가 생겼다.

　큰 병원 의사는 처음에 수술한 동네 병원 이야기를 꺼냈다. 이 일은 의료 분쟁이 될 수 있는 문제이고 돈을 많이 얻어 낼 수도 있는 일이며 작은 병원을 문 닫게 할 수도 있다고 했다. 내 피해가 이해는 되지만 자기도 최선을 다할 테니 한 번만 너그럽게 마음을 써주지 않겠냐고 했다. 사실 남편과 나는 다리가 나을 것만 생각했지 다른 생각은 할 겨를이 없었다. 남편이 말했다. "아니, 선생님! 우린 그런 거 생각해 본 적도 없습니다. 마누라 다리만 낫게 해 주십시오!" 한 달 동안 얼마나 신경을 써서 치료를 해 주던지…. 그 후로도 6개월 동안 목발을 짚고 다녔지만 다리를 자르지 않고 큰 고비를 넘겼다.

　그게 벌써 12년 전 일이다. 주인공을 믿고 관하면서 절망적인 상황을 무사히 넘기는 과정에서 또 다른 소중한 것도 새롭게 알게 되었다. 남편에 대한 고마움이다. 서로가 떠밀리다시피 결혼을 해서 성격도 맞지 않은 데다 결혼 초에는 남편이 하는 일마다 잘 안돼서 경제적으로도 너무 힘들었다. 게다가 자궁 수술과 두 번의 임파선 수술을 할 만큼 몸이 늘 아파서 이혼을 생각한 적도 있었다. 그런 것들이 마음속에 응어리져 있었는데, 이번에 마음을 든든하게 잡아 주고 잘 보살펴 주는 남편을 보고 진심으로 감사한 마음을 갖게 되었다.

　내가 선원에 19년 동안 다녀도 관심 없던 남편이 "도는 못 닦고 성불은 못하겠지만 베풀고 사는 너그러운 사람이 되고 싶다."라며 올해는 처음으로 부처님오신날 행사에 동참해 울력도 하고 연등 행렬에도 참가했다. 하지만 아무리 시간이 지나도 공부를 제대로 잘하고 있다는 자신감은 들지 않는다. '너무 외향적이라 내면으로 들어가는 힘이 없지 않나.'라는 생각이 든다. 해마다 안거에도 참여하며 더 깊이 내면으로 들어가기 위해 관하고 있다. 모쪼록 나의 발원이 이루어지고, 보다 많은 사람들이 이 공부와 인연 닿기를 바라고 또 바란다.

23호 · 2005년

싸라기 반쪽만큼의
에누리도 없이

김수진 | 태국지원

남편을 보고 있으면 너무 밉고 원망스럽고 모든 게 못마땅했습니다. 남편은 골프와 게임에 빠져 언제나 가족은 뒷전이었습니다. 모처럼 집에 있으면 잠만 자는 남편을 정말이지 맘껏 때려 주고 싶었습니다. 싸워도 보고 달래도 보고 협박도 해 보았지만 남편은 변하지 않았습니다. 말로는 가족밖에 없다, 가족이 제일 소중하다고 하지만 그가 하는 행동은 마치 저를 집안의 TV나 냉장고처럼 대했습니다. 필요할 땐 커서 보고, 보기 싫으면 전원을 꺼 버리는. 커다란 미움으로 마음에 지옥을 만들어 갔습니다.

제 맘속에 그런 미움이 있으니 남편을 대하는 행동뿐만 아니라 말 한마디도 곱게 나오질 않고 자꾸 부딪히게 되었습니다. 하나뿐인 아들도 그 파동에 휩쓸리게 되었지만 저는 모든 걸 남편 탓으로 돌렸습니다. 제겐 아무 문제가 없으니 남편만 잘하면 모든 게 오케이라고 생각했습니다. 그런데 천만의 말씀이더라고요! 큰스님께서 "이 법은 싸라기 반쪽만큼의 에누리도 없는 법"이라고 하셨듯이, 가만히 들여다보니 남편은 결혼 전 제가 엄마에게 했던 행동을 고스란히 저에게 돌려주고 있었습니다. 모두가 제 탓이었던 것입니다.

그제서야 엄마에게 부끄럽고 죄송한 마음이 들었습니다. 남편이 저를 그렇게 대한다고 생각하고 있었는데, 오히려 제가 리모컨을 쥐고서 누르는 대로 남편이 움직여 주길 바랐던 것입니다. 남편을 장난감처럼 맘대로 갖고 놀려고 하다 안 되니까 불량품 취급을 하고 있었던 것이지요. 그런데 빙하처럼 얼어 있던 내 마음이 조금씩 녹으며 생각해 보니, 남편에게 따뜻한 말 한마디 안 해 주고 마음에 독을 품고 칼을 들고 있었다는 걸 알게 되었습니다. 제 자신을 감옥에 가두고 온통 밖으로 끄달려서 남의 삶을 살고 있었던 것입니다.

아직은 힘들지만 주인공이 이끈다는 믿음과 스님들의 자비로우신 가르침으로 이제는 관합니다. '주인공, 저 사람이 몰라서 그러는 거잖아. 그리고 내가 한 만큼이니 내 탓이야. 모든 것이 공하니 준 사람도 없고 받은 사람도 없고 억울한 것도 분한 것도 없어. 주인공, 미워하는 마음도 나온 그 자리에서만이 해결할 수 있잖아.' 하고요. 물론 아직도 가끔씩 남편에게 화를 내지만 점점 줄여 나가며 영이 될 때까지 주인공과 함께 가기를 다짐하곤 합니다.

남편과의 불화를 그렇게 녹여 가고 있을 즈음, 아들을 통해 또 한 번 제 마음의 밑바닥을 보게 된 계기가 있었습니다. 아들은 마트에 가거나 길을 걸을 때 뭐가 그리 바쁜지 혼자 앞으로 내달립니다. 그러다 멈춰서 엄마가 보이나 한번 돌아다보고, 보이면 또 달리고…. 그래서 밖에 나가면 정신이 하나도 없고 기운도 쪽 빠지게 됩니다.

그날도 마찬가지였습니다. 어차피 손잡는 거 싫어하니까 다치지 않고 잃어버리지 않게 관하자고 생각했지만, 아이를 지켜보다가 슬슬 화가 나기 시작했습니다. '저 녀석이 된통 당해 봐야 정신을 차리지.' 하는 마음까지 품었습니다. 신경질적으로 부르며 "엄마랑 같이 가야지!" 하니까 한번 휙 보더니 아이는 그냥 돌아서 갔습니다. 평소처럼 '내가 안 보이면 서 있든지 부르겠지.' 하며 길가에 늘어선 좌판을 이것저것 구경하며 천천히 걸었습니다.

그런데 좌판이 끝나는 곳까지 왔는데 아이가 보이질 않았습니다. 순간 "이 녀석이 또 어디 갔어? 아이고, 내가 이 녀석을 꽉…." 하며 여기저기 찾아다녔습니다. 이때쯤이면 모습을 보일 때가 됐는데도 안 보였습니다. 조금 당황했지만 그래도 그때까진 속으로 화를 키우면서 '나타나기만 해 봐라. 오늘 아주 매 맛을 한번 보여 줘야겠어.' 하고 다짐까지 해 뒀습니다.

사람들에게 물어도 보고 소리쳐 불러도 보았지만 아들의 모습은 어디에서도 찾을 수가 없었습니다. 날은 어둑어둑해지고 아이는 보이질 않고, 그때서야 저는 주인공을 붙잡았습니다. '주인공, 당신 자식이잖아. 아이를 찾게 해. 너만이 할 수 있잖아.' 그러기를 몇 분이나 지났을까. 아이 이름을 부르며 울먹이는 제 어깨를 누군가 두드렸습니다. 돌아보니 어느 태국 아주머니께서 저쪽에 있다고 손으로 가리켰습니다. 달려가서 아이를 본 순간, "어디 갔다 왔어!"라며 울어 버렸습니다. 우는 저를 보고 아이도 울었습니다.

아이를 업고 집으로 돌아오는 길에 속으로 또 울었습니다. 주인공에게 고맙고 아이에게 고마웠습니다. '쟤가 왜 저러나'. 하며 아이 탓만 하고 '네가 당해 봐라.' 하는 못된 마음까지 품었던 제 마음에 싸라기 반쪽만큼의 에누리도 없이 제가 당한 것입니다. 예전 같으면 이런 일이 왜 일어나는지 원망하며 더 힘들어했을 텐데, 이제는 저를 이렇게라도 가르쳐 주는 주인공의 절절한 나툼이 고마워서 울었습니다. 아이는 제가 부르는 소리를 다 들었다고 합니다. 그런데 왜 대답을 하지 않았는지 알 것 같았습니다. 아들 주인공과 제 주인공이 하나로 나투어 저를 가르쳐 주었던 것입니다.

그로부터 얼마 후, 푸켓 지역에 쓰나미가 밀려와 많은 사람들이 다치고 죽는 큰일이 벌어졌습니다. 밀려드는 파도에 인간의 존재는 너무나도 미미하였습니다. 큰스님께서 물, 불, 바람으로 인해 지구가 많이 어지러우니 모두를 위해 촛불을 켜고 관하라고 하신 말씀이 떠올랐습니다. 그리고 내 마음속 미움과 불만, 분노의 응어리를 녹이려 켜든 촛불 생각도 났습니다. '그래, 화를 녹여야지. 내가 남편이나 아들에게 그랬듯이 많은 사람들도 그랬겠지. 저렇게 화나는 것도 주인공 너다. 지구도 너무 화가 나니 저 바다가 쓰나미로 나왔구나.'라는 생각이 들었습니다.

아침 베란다 창문으로 나무와 하늘을 바라보다 모든 것이 참 고마운 존재임을 느낍니다. 나무도 하늘도 그 모습이 내 삶의 한 편으로 다가옵니다. "한 염주 줄에 꿰여 있다."라고 하신 큰스님 말씀을 새삼 되새기며 나직이 속삭입니다. "주인공, 고마워."

20호 · 2005년

세상 제일 값진 공부

김정옥 | 부산지원

23세에 결혼해서 경주 황씨 종갓집에서 25년을 살았다. 대대로 불교 집안이라 절에 다니기는 했지만 진리는 알지 못했다. 시집와서 5년 후 시아버님이 돌아가시고, 시어머니와 남편은 재산을 제대로 운용할 줄 몰랐다. 결국 재산을 다 잃고 부산으로 이사 와 임시로 지은 건물 한 칸을 얻어서 식당을 열었다. 일곱 식구를 먹여 살려야 했는데 사방을 둘러봐도 아득하기만 할 뿐 길이 안 보였다. 장사는 잘되지 않았지만 꾸준히 애를 써서 그럭저럭 유지해 나가고 있었다.

2년 반 정도 지났을 때, 식당에 자주 오던 남학생 하나가 불교 이야기를 꺼내며 대행 스님 이야기를 해 주었다. 한번 가 봐야겠다고 마음을 먹고 우선 스님의 법문집을 샀다. 한 장 한 장 읽는데 눈이 번쩍 뜨이고 놀라움에 가슴이 뛰었다. 일을 마치고 새벽 3시에 또 책을 펼쳐 들었다. 법문집 네 권을 하루에 한 권씩 다 읽고 나서 맹세를 했다. '부처님, 저는 그동안 화두 참선 공부를 했는데 오늘부터는 한마음 주인공 공부를 하겠습니다. 대행 스님의 가르침이야말로 제가 찾던 공부입니다.'

장사 때문에 안양 본원에는 갈 수가 없어서 부산지원을 찾아갔다. 그러다가 1991년 10월 셋째 주 일요일에야 처음 안양에 갈 수 있었다. 수많은 신도님들로 도량이 북적였다. 사람이 너무 많아 법당에는 들어갈 수도 없었다. 법회를 중계하는 TV 앞에 삼배를 하고 앉아 조용히 큰스님의 법문을 들었다.

"눈 밝은 사람이 중생을 제도하면 바로 이끌어 가고, 눈 어두운 사람이 이끌면 같이 구렁텅이에 빠집니다. 빨리 왔다고 해서 빨리 공부가 되는 것도 아니고 늦게 왔다고 늦게 되는 것도 아닙니다. 얼마나 참되고 진실하게 하느냐, 얼마나 지극하게 정진해 나가느냐에 달려 있습니다."

대략 이러한 법문이었던 것으로 기억하는데 그날 법문을 너무나 감사하게 들었다. 그 이후로 20년 동안 매달 법회 때마다 큰스님 법문을 눈물로 들으며 열심히 선원에 다녔다. 장사를 마치고 자정에 선원에 가서 정진하고 새벽예불까지 보고 나면 5시 30분이 되었다.

집에 와서 서너 시간 눈을 붙이고 나서 장사를 시작하고, 마치면 다시 선원에 갔다. 그러다가 시간이 나면 본원 정기법회에 올라가기도 했다. 스님께서는 법회 때마다 "한마음이 돼 보라."라는 말씀을 자주 하셨는데, 어느 날은 "꼭 돼 보라."라고 아주 강력하게 말씀을 하시는 것이었다. 그래서 꼭 실천을 해 보자는 마음이 들어 그 순간부터 보는 것마다 한마음으로 관했다. 법회를 마치고 본원을 나서면서 큰스님, 스님들, 신도님들 모두를 향해 마음을 내고, 같이 버스를 탄 신도님들에게도 마음 내고, 부산으로 내려가서도 만나는 것마다 닥치는 대로 마음을 냈다. '당신이 부처님입니다. 당신에게 근본 주인공이 있습니다. 근본이 하나로 연결되어 있어서 우린 한마음입니다.' 이렇게 나무에게도 바람에게도 마음을 냈고, 이 나라를 위해서도 마음을 냈고, 보이는 것뿐만 아니라 보이지 않는 영령들에게도 마음을 냈다. 그랬더니 시장의 배추며 무, 당근까지도 '나도 살았다. 나도 살았다.'라며 앞다투어 내게 다가왔다. '그래 그래, 너희가 공부를 더 잘하는데 내가 몰랐구나.'

그러던 어느 날, 남편의 배가 많이 부풀어 올라 병원에 가서 진찰을 받았다. 의사는 폐, 간, 신장 등이 많이 상했고 복수가 차서 도리가 없다며 집에 가서 맛있는 거나 해 주라고 했다. 남편은 10년 전에도 죽을 고비를 넘겼다. 새벽에 눈을 붙이러 들어가면 남편은 그때부터 술을 마셨다. 그러니 몸이며 집안이 온전할 수가 없었다.

아무리 미운 남편이지만 생명이 위독하다니 큰일이 아닐 수 없었다. 무엇보다 남편이 아무것도 소화시키지 못한다는 게 문제였다. 주인공에 관할 수밖에 없었다. '남편 병에 맞는 약을 너만이 알잖아. 가르쳐 줘. 진실된 사람은 아니지만 자식들을 봐서 자비로운 마음으로 용서해.' 그렇게 일심으로 관하던 중 한 가지 약이 퍼뜩 떠올랐다. 당장 구포시장에 가서 고기를 사다가 곰국을 끓였다. 남편의 약으로 쓰일 그 생명에게도 관했다. 이 인연으로 밝고 맑고 지혜롭게 인도환생하기를.

남편에 대한 미운 마음도 다 놓았다. 그리고 누워 있는 남편에게 숟가락으로 조금씩 떠서 정성껏 먹였다. 3일째부터 배가 가라앉기 시작하더니, 일주일이 지나자 대소변이 물처럼 콸콸 쏟아졌다. 그걸 반 요강이나 받아 내자 조금씩 차도를 보이기 시작했고, 마침내 감사하게도 남편이 살아났다. 큰스님 가르침 덕분에 남편을 미워하던 업장도 녹이고 목숨도 살려 냈으니 어찌 감사하지 않을 수 있겠는가. '큰스님, 제가 공부 열심히 해서 물질계와 정신계 일체 앞에 공덕을 짓겠습니다.'라고 진심으로 관했다.

한마음으로 관하며 열심히 정진하자 장사도 점차 나아졌다. 기껏해야 하루 5만 원 정도였던 매상도 점점 오르기 시작했다. 낮 영업을 쉬고 마산지원 법회에 참석하고 온 날은 저녁 6시부터 영업을 시작했는데도 20만 원을 넘었다. 스님 가르침대로 주인공에 모든 것을 놓고 가니 만사형통이었다. 아무것도 가진 게 없지만 가정도 잘 돌아가고 아이들도 잘 풀렸다. 가족 모두가 웃으며 생활하니 큰스님의 은덕이 늘 새롭고 주인공의 공덕이 늘 감사했다.

데모 때문에 조용할 날이 없던 어느 날, 화염병 네 개가 가게에 떨어졌다. 임시 건물 다섯 채가 순식간에 타들어 가는데 그 가겟방에 시어머니와 남편이 있었다. 시어머니는 88세로 거동이 힘들었고, 남편도 후유증으로 잘 다니지 못했다. 거기다가 갑자기 불이 나니 놀라서 몸이 굳어 버린 것 같았다. "사람 살려!"라고 외쳤지만 불이 활활 타오르니 누구도 들어갈 엄두를 내지 못했다.

주인공에 매달렸다. '주인공! 네가 살려! 네가 불을 냈으니까 네가 살려!' 이렇게 속으로 외치며 가게로 뛰어 들어가 먼저 시어머니의 두 손을 잡아 끌어당겼다. "주인공! 당기자! 살려 줘!" 겨우겨우 문지방을 넘어 화장실 앞까지 모셔 놓고 다시 가게로 뛰어갔다. 남편을 끌고 나오는데 문지방에 걸리고 말았다. 있는 힘껏 당기던 찰나, 1미터쯤 돼 보이는 불 붙은 각목 두 개가 천장에서 툭 떨어졌다. 삽시간에 이불이며 베개에 불이 붙어 타올랐다. "주인공! 살려 줘!" 주인공만 찾으며 남편을 끌어당겼다. 다행히 남편도 간신히 밖으로 끌어낼 수 있었다.

다 타고 남은 거라고는 입은 옷밖에 없었다. 그런데 어찌 알았는지 제부들과 여동생들이 당장 쓸 물건들을 싣고 왔다. 비우면 채워진다더니 정말 그랬다. 소식을 들은 스님들과 신도님들이 진심으로 위로하며 도와주셨다. 보상금을 받아 해운대로 이사했다. 짐 정리를 하다가 문득 그런 생각이 들었다. '60세가 되면 내 인생 공부만 하고 살겠다고 맹세하고 발원했는데, 그 소원이 이루어진 것이구나.'

이후로 정말 마음공부만 하며 살았다. 새벽에 집 뒷산 중턱에 있는 절에서 한 시간 정도 참선도 하고, 산기슭 골짜기 바위 위에서 또 한 시간 정도 참선을 했다. "내가 죽어야 나를 본다."라는 스님 가르침을 늘 가슴에 새겼다. 공부에 미친 것처럼 선원에 다녔다. "그래, 한 번은 미쳐 봐야 공부하지."라고 하셨던 스님 말씀을 떠올리며 정말 열심히 했다. '주인공, 당신이 사는 거잖아. 몸과 마음 밝혀 주고 지혜롭게 이끌어. 나는 열심히 정진할게.' 그러면서 산에서 만나는 모든 것, 만생 만물 몽땅 한마음 주인공에 놓고 관하고, 선법가도 부르고, 뜻으로 푼 반야심경도 독송했다.

곰국을 먹고 살아난 지 4년쯤 지난 어느 날, 남편이 배가 아프다고 했다. 병원에 가 보니 직장암인데 이미 온몸에 전이가 되었다고 했다. 그때 간신히 살아나긴 했지만 몸이 워낙 망가져 버렸던 것이다.

남편이 살아생전 이 공부를 해서 조금이라도 마음 밝히기를 정말 바랐다. 하지만 남편은 누워서 늘 TV만 보았다. 그러니 남편 방 앞을 지나가다가도, 재산 다 날리고 술만 마시고 바람피우며 속을 썩인 지난 세월이 생각나 화가 불쑥불쑥 일어났다. 그럴 때마다 '주인공, 내가 죽게 해.'라고 관했다.

어느 날, 금요법회를 가려고 방문을 나서는데 주인공이 '지금 죽자.'라고 하는 것이었다. '그래, 지금 죽자!' 그렇게 마음을 먹고 남편에게 세 번 절을 하고 말했다. "우리 집 부처님, 감사합니다." 그러고는 부탁을 했다. "스님 가르침을 좀 읽으세요."

남편 스스로 읽을 리는 만무했다. 그래서 저녁에 돌아와《한마음요전》을 들고 남편 방에 들어갔다. "제가 읽을 테니까 뜻을 잘 새기세요." 두 시간 정도 정성껏 요전을 읽어 주었다. 그런 다음 등과 다리를 안마해 주었다. 그렇게 매일 밤마다《한마음요전》이나《신행요전》을 읽어 주고 안마를 해 준 지 나흘째 되는 날이었다.

"내가 다 잘못했다. 부모님께 불효하고, 처자식한테 몹쓸 짓 하고, 재산은 흥청망청 다 써 버렸으니 내가 죽일 놈이다. 십 년 동안 가족 먹여 살리고 애들 모두 대학 보내느라 정말 고생 많았다."

남편이 갑자기 내 손을 잡더니 눈물을 흘렸다. 살아오면서 누구에게도 잘못했다고, 미안하다고 한 적이 없는 사람이었다. 부모에게도 나에게도 자식들에게도. 오로지 자기만 알고 자기가 잘한다고 생각하고 살아온 그가 진심으로 뉘우치고 있었다.

나도 손을 꼭 잡고 눈물을 흘렸다. "당신 주인공이 세 번씩이나 당신을 살려 준 것은 당신을 밝게 만들어 주려고 한 것이에요. 부디 주인공에게 참회하고 감사드리세요. 그리고 당신 마음자리를 밝히세요."

그 일이 있고 나서 남편은 더러 《한마음요전》을 보았고, 나는 시간이 날 때마다 스님의 가르침을 전해 주었다. 몸 벗기 전 조금이라도 남편의 마음이 밝아지길 바라서였다. 남편은 나름대로 마음 정리를 하였고, 자식들의 뜻에 따라 수술을 한 지 1년 후 아무런 고통없이 자는 동안 조용히 몸을 벗었다.

나는 지금 행복하게 잘 살고 있다. 부산지원에서 지역 신행회 회장직을 맡아 열심히 정진하고 있다. 스님의 가르침은 이 세상에 태어나 배운 것 중 제일 값진 공부다. 어디에서도 만날 수 없고, 어디에서도 배울 수 없는 정말 소중한 공부.

71호 · 2013년

02

푸른 날의 공부

산을 닮고, 산을 담아

이효심 | 진주지원

사회 초년생이거나 대학생인 젊은 청년들이 그 많은 흥미로운 것들을 두고 등산을 좋아하기란 사실 드문 일이다. 그래서인지 수련회 참석자 대부분은 산행 경험이 거의 없었다. 그런데 상대는 거대한 지리산, 그것도 전라도와 경상도에 걸쳐진 능선을 끝없이 오르내리는 2박 3일간의 종주였다. 산에서 먹고 자기 위해 필요한 것을 준비하느라 벌써 지쳐 버릴 만큼, 출발 준비조차 만만한 것이 아니었다.

첫째 날 - 두려움과 설렘, 오기로 잠 못 드는 밤

　"에베레스트에서 1캠프까지 오르다가 그만두는 사람이 있는가 하면 2캠프, 3캠프까지 다 올라가서 포기하는 사람이 있고, 아예 산을 오르려는 생각조차 하지 못하는 사람이 있다. 모두 다 정상을 밟지 못한 것은 똑같다고 할 수 있다." 어느 스님이 출가하실 때, 지원 장스님께서 해 주셨다는 말씀을 입재식에서 듣는 순간 이상한 오기가 생겼다. '나는 어떤 사람인가?' 반드시 종주에도 성공하고 이 공부에서도 정상에 오르는 사람으로 살고 싶은 욕심이 일어났다.

첫날 산행은 늦은 오후에 시작해 한 시간 정도로 끝났지만 날씨가 좋지 않아서 무거운 배낭을 맨 채 비를 흠뻑 맞았다. 낯설고 비좁은 산장에서 두려움과 설렘으로 쉽게 잠이 오지 않았다.

둘째 날 - 어둠 속의 발걸음

서둘러 아침 공양을 마치고 다시 짐을 싸서 산장을 나서는 순간, 너무나 놀랐다. 저 아래서부터 이어진 헤드랜턴 불빛이 날이 밝지도 않은 산길 저 위까지 끝없이 이어져 있었다. '산을 찾는 사람이 이렇게도 많았어?' 이 산에서 뭔가를 담아 가고 싶다는 생각을 잠깐 하다가 어둠 속에서 도반들을 놓칠 새라, 산사람들의 행렬에 끼어들었다.

해가 뜨기 전, 깜깜한 산길을 걷는 것이 어떤 것인지 전에는 미처 몰랐다. 먼저 가는 법우와 나 사이의 거리만큼만 볼 수 있고, 나는 뒤따라오는 사람의 길잡이였기 때문에 힘들다고 속도를 늦추거나 쉴 수가 없었다. 어둠은 아무것도 보이지 않게 하는 대신 나 자신을

가장 잘 볼 수 있게 도와준다는 것을 느낄 즈음, 서서히 날이 밝아
왔다.

　순식간에 앞질러 가는 사람들에 비해 우리는 너무나 산을 몰랐
다. 새벽 4시에 일어난 후, 공양 시간과 잠깐의 휴식 시간 외에는 하
루 종일 산을 오르고 내리는데도 둘째 날 밤을 보낼 세석산장은 나
타나지 않았다. 체력이 바닥났는데 아직 반도 못 왔다는 생각에 마
음이 약해졌다. '그래, 포기하는 사람들은 해 볼 만큼 해 보고 포기
하는 거야. 그래도 자기가 지나온 길만큼은 얻는 게 있겠지.' 혼자
가는 길이라면 많은 사람들이 분명 이쯤에서 포기하겠다는 생각이
들었다. 모두가 지쳐 말하기조차 힘든 순간, 한 법우가 추임새같이
하는 말이 미소 짓게 만들었다. "아이고, 살겠다." 힘들어 죽겠다는
말을 습관처럼 계속 내뱉고 있는 나를, 애초에 이곳으로 이끌고 온
내가 경책하는 것임을 눈치챘다.
　끝이 보이지 않는 오르막을 오르면서, 숨이 턱까지 찬다는 말을
실감했다.
　'심장이 터질 것 같아.'
　'코로 심호흡을 해 봐. 호흡 조절을 못하고 있어.'
　'가방이 무거워서 너무 힘들어.'
　'무거운 건 내 마음이야. 가방을 버리고 간다 해도 힘이 드는 건 마

찬가지야.'

'우와, 이제 내리막길인가 봐.'

'내리막길이 있다는 건 오르막길이 기다리고 있다는 뜻이야.'

산중에서 나 자신과 나눈 대화를 산 아래에서도 실천할 수만 있다면 분명 대단한 중용中庸의 경지에 이를 것 같았다.

"저 봉우리만 넘어가면 곧 도착해요. 힘내세요."

체력이 끝에 다다랐다고 느낄 즈음 반대편에서 오는 어느 아저씨의 말이 너무나 반가웠다. 그러나 막상 봉우리에 오르니 "세석산장 2.1km"라는 표지판이 나왔다. 산에서 수없이 듣는 거짓말이라지만 야속했다. 벌써 해는 지고 다리를 다친 법우들을 두고 갈 수 없는 상황인데, 하필 나는 산장에 빨리 도착해서 자리를 확보해야 하는 예약자였다. 2.1km라면 아픈 법우들을 데리고 두 시간은 걸어야 하는데, 침상 배정 시간이 다가오고 있었다. 등산로 대부분은 통화권 이탈 지역이었고 선두와는 너무 떨어져 무전도 되지 않았다.

암담한 마음으로 원망스러운 상대를 하나하나 떠올리며 바위 하나를 올라섰을 때, 같이 가던 일행 모두가 탄성을 질렀다. 오른쪽으로 고개를 돌리니 수많은 산자락과 구름을 물들인 아름다운 석양이 발 아래로 펼쳐져 있었다. 세상은 여여하게 그대로 있는데 가장 힘든 마음과 가장 가슴 벅찬 순간을 찰나의 시간차로 오고 있다는 생각에 부끄러워졌다.

반드시 어두워지기 전에 도착하여 세석평전의 아름다움을 가슴에 담아 오고 싶었던 야무진 꿈은 달아났다. 세석산장은 이제까지 지나온 산장과는 규모부터가 다른, '산속의 지하철역' 같았다. 수용인원보다 훨씬 많은 사람들이 북적였다. 한여름인데도 비 온 뒤 산속의 밤은 겨울처럼 추웠다. 미처 산장을 예약하지 못한 사람들이 침낭 속에서 추위와 싸우고 있었고, 그도 여의치 않은 사람들은 밤새 술과 식사로 추위를 견디기도 했다.

인터넷 산장 예약 시간에 법우들이 동시에 예약을 시도했지만 워낙 주말 예약이 많은 장소인지라 일행 중 절반 정도는 예약자 명단에 오르지 못했다. 정해진 자리에서 최대한 많은 법우들이 다닥다닥 붙어서 새우잠을 자려 해도 공간이 부족했다. 다행히 담요 보관방에 일부 인원을 수용해 준 산장 관리인 덕분에 밖에서 자는 불상사는 일어나지 않았다.

세석산장에서 모두가 잠잘 공간을 만드는 일, 이것이 이번 등산의 가장 어려운 숙제였으며 그 때문에 법우들과 스님들이 간절하게 마음을 모았다. 시간이 지나서 세석에서의 일을 기억한다면 한여름에 느꼈던 추위와 허기를 달래기 위해 다 같이 끓여 먹었던 라면 맛이 제일 먼저 떠오를 것 같다. 언젠가 세석평전의 탁 트인 전경과

별이 쏟아지는 야경으로 추억을 바꾸기 위해 꼭 다시 찾으리라 마음먹었다.

셋째 날 - 눈물, 그리고 잊지 못할 하산 길

다시 새벽, 끝없어 보이는 오르막을 한차례 오른 후 휴식 시간에 한 법우가 울음을 터뜨렸다. 떨어져 나간 신발 바닥을 끈으로 동여매고도 씩씩하게 견디던 법우였다. 험한 길을 걸어오면서 포기하고 싶지도, 누가 되고 싶지도 않은 마음을 잘 다스려 온 것을 알고 있었기에 마음이 아팠다. 그러나 걱정도 잠시, 어깨를 툭툭 치는 법우들의 말없는 위로를 받더니 금방 털고 일어나 누구보다 밝게 "출발!" 하고 외쳤다. "천왕봉 해발 1,915m"라고 쓰인 곳에서 사진을 찍는 일보다 법우들의 모습에서 부처의 모습을 발견하는 일이 사실은 더 즐거웠다. 얼마나 힘들었던지, 일행의 막내 법우가 천왕봉에서 찍은 사진을 아버지 휴대폰에 보내며 메시지를 추가했다.

"보이세요? 제가 다시는 오지 않을 곳이에요."

자욱한 안개 사이로 피어 있는 형형색색의 야생화를 구경하며, 이제 웬만큼 고생이 끝났다고 마음을 놓았던 하산 길이 복병이었다. 다른 사람들은 네 시간이면 가고도 남는다는 길이었지만 우리 일행이 다 내려오는 데는 무려 여덟 시간이 넘게 걸렸다. 다리를 가

누기 힘들게 된 우리를 앞지르면서 걱정스레 한 번씩 뒤돌아보던 사람들이 하나둘 늘더니 어느새 날이 저물어 버렸다.

다시 비가 내리면서 바윗길은 미끄러운데 저 위에서 내려오지 못하고 있는 법우들이 있다는 말을 다른 하산객들이 전해 주었다. 그들 중 몇몇에게 랜턴이 없다는 생각이 나를 걱정스럽게 했다. 그 와중에 먼저 내려가서 가방을 두고 동료의 가방을 들어 주러 그 먼 길을 다시 올라오는 법우들이 보였다. 땀을 많이 흘려 곧 탈진할 것 같았지만 나도 가방을 건네주고 다시 산을 올랐다.

어둡고 미끄러운 밤의 산이었다. 법우들 다 같이 무사히 하산할 수 있게 하라고, 명령하듯 마음으로 외치자 없던 힘이 생겨서 힘겹게 내려왔던 산길을 나도 모르게 뛰어서 올랐다. 오래지 않아 일행을 만났는데 큰 부상이라도 난 줄 알았던 법우들이 서로를 의지하며 바위를 더듬어 내려오고 있었다. 마지막 사람까지 모두 무사히 도착했을 때, 서로를 그리고 자신을 축하하는 박수와 환호가 여기저기서 쏟아져 산자락을 울렸다.

삼십여 명에 가까운 수련회 인원들이 자기 몸과 같이 도반들을 배려하면서 힘든 여정을 이겨 냈다. 그들을 보며 산을 닮아 사람들이 어진 성품이 되어 간다는 생각이 저절로 들었다. "어진 사람이 산을 좋아한다."라는 말이 있지만 산에 머문 사람이 어진 성품을 가지게 된다는 의미인지도 모르겠다. 산에서는 며칠을 씻지 않아도 청정하게 느껴졌다. 그래서 산을 찾는 사람들은 또다시 산을 찾게 되는 것 같다. 천왕봉을 두고 다시 오지 않을 곳이라고 했던 막내 법우도 일주일 뒤 다른 산을 다녀왔다는 소식이 들렸다. 산에서 느꼈던 청량한 바람의 느낌이 잊히기 전에, 산장에서 지친 다리를 쉴 수 있는 날이 다시 오기를 기대해 본다.

42호 · 2008년

길 위에서 길을 만나다

박 훈 | 본원

시골에서 자란 나는 어머니께서 종종 무당을 불러 굿하는 걸 본 적이 있다. 그때마다 보이지 않는 세계에 대한 막연한 의문을 가지게 되었지만 딱히 설명해 주는 사람은 없었다. 학업에 흥미가 없어서 고등학교를 졸업하고 취업을 했는데, 스스로 벌어서 생활하는 나 자신이 기특하고 뿌듯했다. 행복이란 돈을 많이 버는 것이라고 생각하며, 돈 버는 일을 우선으로 두고 사회생활을 시작했다.

그런데 이런 생각이 바뀌는 계기가 찾아왔다. 2006년에 군대에 들어간 후 처음으로 군 법당에서 법문을 듣고 나서 새로운 느낌으로 세상을 보게 되었다. 법당에 올 때마다 정성껏 준비한 음식을 나눠 주면서 행복한 표정을 짓던 보살님의 모습도 신선한 충격이었다. '남에게 베푼다는 것은 무엇일까?', '정말 다 갖는다는 게 행복일까?' 그때부터 나 자신에 대해 생각했다. '나는 누군가에게 나누어 주며 행복한 마음을 느낀 적이 있나?', '많이 가져서 느끼는 행복이 진짜 행복일까?' 그래서 불교가 무엇인지 알고 싶어 군종병을 지원하게 되었고, 주말마다 법회 준비를 하며 군 법당에서 불교 경전을 읽었다.

> 잠 못 드는 사람에게 밤은 길고
> 피곤한 나그네에게 길은 멀듯이
> 진리를 모르는 어리석은 사람에게
> 생사윤회의 밤길은 길고 멀어라.

《법구경》에서 이 구절을 보고 진리에 대해 더욱 깊이 생각하게 되었다. 군 생활을 하면서 불교에 대한 기본적인 부분은 알 수 있었지만 조금 더 알아보고 싶은 마음에 전역 후 강원도에 있는 한 사찰에 단기 출가를 지원했다. 경전과 관련된 수업을 들었지만 답답한 마음이 자꾸만 더 커졌다. 모든 것을 하지 말라는 것뿐이라 법에 갇히는 느낌이었다.

2008년 여름, 제대 후 전라도 광주로 이사를 하고 나서 청년회 활동을 할 수 있는 절이 있는지 알아보았다. 이사한 날부터 무작정 발로 찾아다녀 보기로 했다. 사람들이 가르쳐 주는 대로 이리저리 가

봤지만 절은 나오지 않았다. 그렇게 길을 잃고 헤매던 중 표지판을 하나 보았다. "대한불교조계종 참선 수행 도량 한마음선원." 처음엔 선원이라는 단어가 생소했다. 잠시 머뭇거리다가 참배는 해야겠다는 생각으로 들어섰는데 스님을 뵙게 되었다. 지금까지 내가 살아온 이야기를 하고, 청년회 활동을 하면서 마음공부 할 수 있는 절을 찾아다니고 있다고 말씀드리자 스님이 반기며 청년법회를 소개해 주셨다.

청년회에 다니면서 나는 궁금한 게 많아서 법회 시간마다 질문을 자주 했다. 그런 모습이 신기했는지 법우들이 생일 선물로《한마음요전》을 주었다. 그 책을 읽으면서 큰스님이 어떤 분인지 조금씩 알게 되었다. 처음에는 의심이 들었지만 그 의심들이 나를 더 공부하게 만들었다. 그러면서 종교에 대한 나의 생각을 살펴보게 되었고, 보이는 것을 채워 나가는 것이 전부가 아니라는 것도 알게 되었다. 그렇게 공부하다 보니 하루하루가 다르게 느껴졌고, 체험하는 것도 다양해졌다. 그러다가 늦게나마 학업을 계속해야겠다는 생각이 들어 대학에 진학해서 사회복지학을 전공했다.

어느 날 어머니께서 용돈을 주셨는데 '선원에 다니지 않는 어머니를 위해 정성금을 올린다면 그 또한 심부름이 될 수 있지 않을까?' 하는 생각이 들었다. 그래서 부처님 전에 정성금을 올렸는데 다음 날 어머니가 황금색 초가 켜 있는 꿈을 꿨다고 좋아하며 전화를 하셨다. 그 후로 백중이나 부처님오신날에는 더 마음을 써서 등을 켰다.

작년에 대학원 진학을 위해 춘천으로 이사를 하면서 본원에서 청년회 활동을 시작했다. 그리고 더 정진해야겠다는 마음으로 총무 소임을 자원했다. 소임이 시작되기 전에 시골집에 내려갔는데 어머니 건강이 좋지 않았다. 병원에 갔더니 간경화 초기가 지난 상황이라고 했다. 복수가 차고, 다리는 걷지 못할 만큼 부은 상태였다. 의사는 어떻게 이렇게 될 때까지 있었냐며 상황이 좋지 않다고 말했다. '주인공, 당신만이 해결할 수 있어. 둘이 아니잖아.' 열심히 관했다. 다행히 부기는 가라앉았지만 간 상태는 여전히 심각했다. 친척들은 더 큰 병원에 가서 검사해 보고 방법을 찾아보라며 난리였다. 큰 병원에 가서 하루속히 이식 수술을 해야 한다는 진단을 받았다.

하지만 의문이 들었다. 간이 안 좋으면 쓸개랑 주변도 안 좋아지는데, 어머니는 다른 부위는 다 정상이라고 했다. 문득 '아! 공부시키려고 그러는 거다.'라는 생각이 들어 어머니께 관법에 대해 설명해 드리며 아침저녁으로 매 순간, 공양을 하면서도 주인공 자리에 믿고 맡길 수 있어야 한다고 말씀드렸다. 그리고 간 이식을 하더라도 내 안에서 잘 맞춰 돌아갈 수 있도록 미리 마음을 내는 것이 중요하다는 얘기도 해 드렸다. 어머니는 몸이 아프니까 진실하게 하셨다. 다행히도 어머니의 간 수치는 100이 넘었다가 70~60으로 점차 떨어졌다.

그러던 어느 날, 법당에 앉아 있는데 천도재를 지내야겠다는 마음이 들었다. 형편이 안 되더라도 마련할 수 있는 만큼 모아서 정성껏 올려야겠다는 생각이 들었지만, 선원에 다니지 않는 부모님께 어떻게 말씀드려야 할지 고민이 되었다. 천도재를 왜 해야 하는지, 하면 무엇이 좋은지 말로 다 설명한다는 게 사실 쉽지 않은 일이었다. 하지만 그조차도 주인공 자리에 오롯이 맡기고 어머니께 말씀드렸다. 그러자 어머니는 뜻밖의 이야기를 하셨다.

"엊그제 꿈에 안방 차례상 차리는 곳에 깨끗한 상이 펴져 있더구나. 아마도 오늘 네게 천도재 이야기를 들으려고 그랬던 것 같다." 라며 동의하셨고 아버지도 선뜻 그렇게 하자고 하셨다. '아, 하겠다는 마음만으로도 보이지 않는 데서는 벌써 준비가 되는구나.'라는 생각이 들었다.

재를 지내는 날에 신도님들이 많이 참석해 주셨다. 함께 마음 내주시는 모습을 보며 내 부모, 내 조상 아닌 게 없다는 큰스님의 가르침을 행하시는 신도님들께 감사하고 또 감사했다.

그로부터 한 달 후 정기 검사를 받았다. 의사는 간 이식을 하지 않아도 되고, 간 수치도 정상에 가까우니 지속적으로 잘 관리하면 건강하게 살 수 있다고 했다. 많은 분들이 마음 내 주었기에 가능한 일이었고, 어머니 스스로 믿으셨기에 가능한 일이었다. 무엇보다 한마음 주인공, 그 자리에서 했기에 가능한 일이었다.

　나중에 알게 된 것이지만, 전역 후 불교가 궁금해서 구입했던 책이 바로 대행 큰스님의 신행 문답집인 《생활 속의 불법 수행》이었다. 다른 서적들은 불교가 무엇인지 궁금했던 나에게 의문만 더 갖게 했었다. '불교가 무엇입니까?'라는 질문에 '이 뭣고', '나무아미타불', '똥 막대기'라는 답변은 이해하기에 너무 어려웠다. 하지만 큰스님의 문답집은 마치 부처님 당시처럼 그 자리에서 질문을 받고 답을 해 주시는 즉문즉설 형식으로 되어 있어 많은 의문들을 시원하게 풀어 주었다. 광주에서 공부할 곳을 찾아 헤매다 들어가게 된 곳이 선원이었지만, 그것은 결코 우연이 아니었다. 하고자 하는 뜻이 있었기에 마침내 길을 만나게 된 것이었다.

82호 · 2015년

가랑비에 옷 젖듯이

구본철 | 대구지원

초등학교 4학년 때 어머니 손에 이끌려 한마음선원에 첫발을 내딛게 되었습니다. 유년 시절 저는 말썽 많은, 아주 산만한 아이였습니다. 그때 부모님은 사업이 바빠 거의 매일 집을 비우셨고, 저는 제멋대로 생활할 수밖에 없었습니다. 어머니께서는 미안한 마음에 어린 제가 원하는 것은 무엇이든 다 들어주셨지요. 울며 떼쓰기만 하면 만사 오케이였습니다. 당시 제 학교 생활기록부에는 "이 아이는 항상 전후좌우의 아이들과 떠들고 있음"이라고 기록될 정도였습니다.

그런데 어머니가 선원과 인연을 맺은 후부터 제게 한 가지 변화가 생겼습니다. 어린이법회에 꼭 참석해야 하는 것이었습니다. 모든 걸 다 들어주시던 어머니였지만, 아무리 떼를 써도 그 부분만큼은 정말 단호하셨습니다. 맞기도 많이 맞았습니다. 처음에는 그런 어머니 때문에 건성으로 법회에 나가기 시작하였습니다. 그런데 마지못해 나가기 시작한 법회에서 언제부터인가 '주인공'이란 단어가 세포 속으로 점점 파고들기 시작하였습니다. 가랑비에 옷 젖듯이 말입니다. 평소에는 생각을 안 하고 있다가도 위급한 순간이나 절박한 상황이 닥치면 순간 '주인공!' 하고 되뇌는 것이었습니다.

어머니와의 전쟁을 피하기 위해 법회는 빠질 수 없었지만, 놀기 좋아하던 저는 중학교에 들어가면서 온갖 사고를 다 치고 다녔습니다. 패싸움을 하고, 친구들을 선동하여 수업을 빼먹고, 친구들과 부모님 차를 몰래 끌고 나가 차가 나뒹구는 교통사고를 내는 등 크고 작은 사고로 학교나 선원에선 유명 인사가 되었습니다.

주변에서는 어머니를 향해 "저렇게 열심히 선원에 나간들 무슨 소용 있어? 애가 저 모양인데…." 하며 비아냥댔습니다. 그런데도 어머니는 저의 잘못을 모두 용서하고 이해해 주는 대신 법회에 빠지는 것만큼은 절대로 용납하지 않으셨습니다. 그것은 철칙과도 같았습니다.

고등학교에 진학한 뒤 저의 반항은 최절정에 달했습니다. 그런 생활에서 문득문득 '주인공'이라는 단어는 각인되어 있었으니, 어머니 성화에 못 이겨 법회에 빠지지 않았던 힘이었나 봅니다.

어느 날 담선법회 중에 가슴 저 깊은 곳에서 '주인공', '한마음', '큰스님'이라는 단어들이 꾸물꾸물 살아 올라오는 느낌을 받았습니다. 그 이후로 모든 것을 주인공에 놓고 지켜보기 시작하였습니다. 그렇게 싫어하던 학교 공부, 부모님과의 마찰, 친구와의 갈등 등…. 그 모든 일들을 주인공 자리에 놓고 관하다 보니 제 안에 작은 변화가 일기 시작했습니다. 무심코 일으킨 한생각이 현실로 나타난다는 것도, 그 시간이 무척 짧다는 것도 알게 되었습니다.

한번은 고3 수능을 앞두고 야간 자율학습 시간에 밤늦게까지 붙잡혀 공부하는 게 싫어서 도망을 쳤습니다. '주인공! 야간 자율학습, 정말 너무 하기 싫다. 자유롭게 살자. 이것이 옳지 않은 생각이라면 이런 행동을 하지 않도록 즉각 눈앞에 증명해 보여라. 내가 명확히 알 수 있도록!' 하고 한생각을 내며 집으로 가던 중이었습니다. 도중에 게임을 하러 갔는데, 어떤 군인에게 도전장을 냈다가 내리 일곱 판을 이겼습니다. 그러자 약이 잔뜩 오른 군인은 제가 얍삽하다며 특공무술로 마구 구타하기 시작하였습니다. 맞서지는 못하고 한참을 두들겨 맞다가 번개같이 도망치는데 순간, 교실을 빠져 나오며 냈던 한생각이 떠올랐습니다. '정말 무섭구나. 내 앞에 닥쳐오는 행복과 불행, 기쁨과 슬픔, 이 모두가 한생각에서 비롯되는 것임을 명확히 보여 주는구나!' 이런 체험들이 점점 단단한 믿음의 줄을 쥐게 하였습니다.

대학생이 된 후에는 어린이회와 학생회 선생님을 맡았습니다. 그간 수행 방법에도 변화가 생겼습니다. 도반들과 좀 더 쉽게 주인공을 알 수 있는 방법을 연구하고, 마음공부를 과학적으로 분석해 보기도 했습니다.

그러던 중, 도반과 갈등을 겪으면서 깊이 되돌아보게 되었습니다. '진리란 머리로 이해하는 것이 아니라 실천을 통해 체득하는 것이구나. 아, 다시 시작해야겠다!' 큰스님께서는 이미 산 정상에 오르는 빠른 길을 알려 주셨는데도 깨닫지 못하고 헤매었던 것입니다. 그 길은 바로 믿고, 맡기고, 지켜보는 생활 수행이었습니다.

그동안 스님의 가르침을 연구하고 분석하며 지녔던 아상과 관념들을 모조리 다시 되놓기 시작했습니다. 그렇게 해 나가던 어느 날, 무한량의 에너지를 느끼며 그 에너지의 근본이 이미 내 안에 함께하고 있었음을 알게 되었습니다. 소소한 체험 속에 조금씩 조금씩 어둠이 걷히며 드러났던 것입니다.

그런데 정말 무서운 것은, 어떠한 체험을 했다 하더라도 이내 아무 생각 없이 함부로 살게 되면 다시 어리석어진다는 것이었습니다. 그 사실을 한참 후에야 깨닫게 되었습니다. '깨어 있는 수행으로 끊임없이 정진하는, 끊임없이 체험하는, 끊임없이 겸손한 수행자가 되어야 비로소 정상에 오를 수 있구나!' 그래서 큰스님께서는 "오신통도 도가 아니다."라고 말씀하셨나 봅니다.

여기까지 걸어온 것이 결코 저만의 힘이 아니란 사실을 잘 알고 있습니다. 어머니의 지극한 사랑이 있었기에 불법으로 인도되었고, 어머니의 아낌없는 정성이 제 영혼의 밑거름이 되었으며, 그 에너지로 내면의 힘을 키워 갈 수 있었습니다.

　이제 저는 가야 할 길을 찾았습니다. 여기까지 이끌어 주신 은혜에 보답하는 길은 지혜롭게 깨어 있는 삶을 사는 것이며, 불법을 널리 전하는 것이라 생각합니다. 함께 가는 길에 어떠한 난관과 역경이 있을지라도 주인공을 믿고, 맡기고, 지켜보며 걸어가겠습니다. 모든 생명들이 참 행복을 느낄 수 있도록.

38호 · 2008년

내 인생의 undo

이연숙 | 본원

초등학교 4학년인 큰딸 나현이는 나에게 끊임없이 공부 재료를 주는 녀석이다. 내 손에 이끌려 2학년 때부터 본원 어린이회를 다니기 시작했지만, 안 가겠다고 버티는 아이와 일요일마다 전쟁을 치러야 했다. 그랬던 아이가 조금씩 달라지기 시작한 것은 여름 수련회를 다녀온 후부터였다. 일요일마다 치르던 전쟁이 줄기 시작하더니, 어린이 합창단에 들어가고 부처님오신날 제등 행렬에도 참여했다. 아이의 내면에도 변화가 생기기 시작했다.

나현이는 보통 또래 아이들과 달리 자기만의 특별한 세계를 가지고 있다. 그런 나현이를 걱정스럽게 바라보는 주위의 시선이 느껴질 무렵, 아이는 그 안에서 스스로 나오려고 부단히 애를 쓰고 있었다. 하지만 아이가 자기만의 세계를 깨고 나오기 위해 많은 진통을 겪고 있었다는 사실을 나는 최근에야 알았다.

"엄마, 엄마 주인공은 말을 잘 들어?"

"응."

"좋겠다. 엄마, 우리 주인공 바꾸자. 내 주인공은 이상한 것 같아. 안 그러고 싶은데, 주인공이 내 마음의 버튼을 자꾸 누르면 난 자꾸 이상한 생각을 하고 이상한 행동을 하게 돼. 주인공 이상해."

어찌 보면 우스갯소리로 들릴 수 있지만, 돌이켜 보면 아이는 그때 나에게 도움을 청하고 있었던 것이다. 그런데 나는 어떤 문제가 있다는 것을 어렴풋이 느끼면서도 아이에게 아무런 답을 주지 못했고, 손을 잡아 주지도 못했다.

그즈음 선원에서 '행복한 부모를 위한 마음공부'라는 주제로 학부모 프로젝트가 시작되었다. 포스터를 본 나는 단 1초의 망설임도 없이 수강 신청을 했다. 교육 4주차쯤 되었을 때, "잔소리하고 싶을 때, 화내고 싶을 때, 무조건 stop!"이라는 수행 실천 과제가 주어졌다. 아이를 대할 때마다 잔소리를 하지 않으려고 애를 썼다. 그 동안의 습관이 있는데 그 모든 걸 'stop!' 하고 근본 자리에 맡긴다는 것이 말처럼 쉬운 일은 아니었다. 그래도 잘 수행하고 있는 것 같은 도취감에 빠져 하루는 나현이에게 물었다.

"나현아, 엄마 요새 잔소리 많이 줄었지?"

근데 이 녀석이 1초의 망설임도 없이 "아니!"라고 대답하고 방을 나가 버리는 것이었다. '주인공, 나 여태 뭐 한 거야?' 홀로 남겨진 나는 자신에게 물으며 당황했다.

그런데 며칠 뒤, 나현이가 말을 꺼냈다. "엄마, 미안해. 그날 내가 아니라고 대답해서. 사실 엄마는 잔소리가 많이 줄었거든. 근데 왜 그렇게 대답했는지 모르겠어. 그래서 잘 생각해 보니까 내가 마음속에 '엄마는 잔소리꾼'이라고 써 놓은 거 같아. 그래서 엄마는 늘 잔소리하는 사람이라고 느낀 거 같아."

나현이의 말이 너무도 기특하고 놀라워서 고맙다며 꼭 안아 주었다. 아이를 학교에 보낸 후 책상 위에 놓인 일기장을 보게 되었다. 평소 일기 쓰기를 싫어해서 길어야 다섯 줄이었는데, 그날 저녁은 깨알 같은 글씨로 한 바닥을 채우고도 넘쳤다.

"나는 일기를 쓰면서 나 자신을 돌아보기도 한다. 내가 혼이 나거나 잘못된 일을 하는 걸 막을 수 있는 방법이라고 생각한다. 엄마가 절에서 하는 학부모 프로젝트를 시작하셨다. 엄마는 내가 잘 때 학부모 프로젝트 일기를 쓰신다. 그것을 한 뒤 엄마는 많이 달라지셨다. 나도 좋고 엄마도 좋다. 하지만 엄마가 하는 잔소리는 내가 엄마 말을 안 듣기 때문일까? 아마도 내가 달라져야 엄마의 잔소리가 줄어들 것이다. 아니, 엄마는 원래부터 잔소리가 없었다. 앞으로도 계속 없을 것이다. 왜냐면 내가 그렇게 만들 거니까."

엄마가 마음공부를 하면 아이도 같이하게 돼 있다더니, 정말 그런 것 같다. 한 줄에 꿰어진 염주알 하나를 굴리면 다 같이 돌아가듯, 이 공부의 이치가 그런 것 같다.

나현이는 지금 눈에 띄게 밝아졌다. 아침저녁으로 아이에게 밝은 에너지를 보내고, 내 근본 자리에 모든 것을 맡기며 굴리고 있다. 그로 인해 나도 밝아지고 아이도 덩달아 밝아지는 듯하다.

컴퓨터의 모든 프로그램에는 'undo'라는 기능이 있다. 이전의 작업이 모두 없어지는 기능이다. 마음공부를 하기 전 나는 '인생에도 이런 기능이 있으면 얼마나 좋을까?'라고 생각하곤 했다. 그런데 며칠 전, 큰스님 법어를 읽다가 눈이 번쩍 뜨였다.

"이 공부는 모든 것을 무효로 하는 데 목적이 있는 겁니다. 잘되고 잘못되는 것을 다 그냥 무효화시키면서 새로이, 내가 원하는 모든 것을 개척해 나가는 거죠."

정말 이보다 더 멋지고 가슴 설레는 공부가 있을까! 나는 요새 마치 두발자전거를 처음 배우는 아이처럼 설레고 즐겁다. 물론 배우다가 넘어져 무릎이 까지기도 하고, 포기하고 싶어질 때도 있겠지만 언젠가 꼭 자전거를 타고 멋지게 달릴 수 있을 거라는 믿음이 있다. 뒤에서 잡아 주는 부모가 있다는 믿음으로 자전거를 처음 배우는 아이처럼, 내 근본 자리를 믿고 삶의 길을 깨달아 갈 것이다. 내

어머니가 나에게 그랬던 것처럼, 나도 아이에게 따뜻한 길잡이가
되어 길 없는 길을 함께 가기를 발원한다.

76호 · 2014년

진짜 유학

김영래 | 본원

독일에 한마음선원이 있다는 것을 처음으로 알게 된 것은 2001
년 초였습니다. 숙소 바로 아래층에 살던 이미경 보살님 가족이 재
작년 말부터 선원에 다니기 시작했는데, 마음공부 하는 곳이니 생
각이 있으면 함께 가자고 권했습니다. 독일에 오기 전부터 절에 다
니며 나름대로 부처님의 가르침을 실천하려고 노력해 오던 터라 꼭
가 봐야겠다는 생각은 들지 않았습니다.

그런데 그해 봄, 아내가 유학 생활의 스트레스를 견디기가 어려
웠던지 건강에 이상이 생겨 병원에 다니게 되었습니다. 참을성 많
은 아내의 얼굴이 점점 더 굳어 가는 것을 보면서 염려하던 터라 가
슴이 덜컥 내려앉았습니다. 그즈음 이미경 보살님이 《도道》라는 책
을 읽어 보라고 주었는데, 책 후반부에 있는 대행 스님 행장기를 읽

고 큰 감명을 받았습니다. 그다음에 《한마음요전》을 빌려서 읽었는데, 900쪽이 넘는 법어집을 한번 손에 잡으니 놓을 수가 없어 며칠 만에 다 읽어 버렸습니다.

얼마 후 독일지원을 처음 방문하게 되었는데, 스님들의 여법한 풍모를 뵙고 좋은 인상을 받았습니다. 큰스님의 비디오 법문을 보면서 '큰 법을 어떻게 이리도 쉽고 자상하게 가르쳐 주실 수가 있을까?'라는 생각이 들었습니다. 그러나 선원에 적응하는 데는 오랜 시일이 필요했습니다. 한국에서부터 익혀 온 불교에 대한 생각과 제 나름대로 해 오던 수행 방편들을 쉽게 놓을 수가 없었기 때문이었습니다. 주인공을 믿고 맡기는 공부법을 받아들이고 실천하기까지는 4~5개월이 지나야 했습니다.

그러던 중 그해 연말에, 학위를 위한 구두시험을 준비하는 과정에서 마음공부의 전기를 맞게 되었습니다. 논문을 한 편 써내는 일도 천신만고 끝에 해냈는데, 구두시험은 더욱더 어려운 관문이었습니다. 90분 동안 다섯 개의 큰 주제에 대해 교수 세 분의 질문을 받고 독일어로 답해야 할 것을 생각하면 불안해서 가슴이 꽉 막혀왔습니다. 더구나 지도교수와의 관계도 원만하지 못했습니다. 대부분의 독일 교수들이 그렇듯, 지도교수님은 교육 철학자로서 자신의 학문에 대해 매우 강한 자부심을 갖고 있었으며 저에게 절대적인

사제 관계를 요구하였습니다. 그러나 저는 독일에서 교육학을 공부하고 있었음에도 서양의 교육 철학과 사상을 지고의 가치로 받아들여야 하는지에 대해 늘 회의를 가지고 있었습니다. 나는 한국인이며 부처님의 제자라는 생각이 의식적 또는 무의식적으로 표출되어 교수님을 자극했나 봅니다. 처음에는 몹시 친절한 분이었는데 시간이 지나가면서 냉랭하게 느껴졌습니다. 그럼에도 불구하고 1997년 말 한국에 IMF 위기가 닥쳐 학업을 계속하기 어렵게 되었을 때 장학금을 신청해 보라며 권해 주셨고, 그 덕에 2년간 장학금을 받는 혜택을 누릴 수 있었습니다.

그렇지만 교수님과의 관계는 근본적으로 호전되지 않았습니다. 논문 작성 과정은 물론이고 논문을 제출하고 난 뒤에도 저를 대하는 교수님의 태도에서 거리감과 차가움이 느껴졌습니다. 저의 태도에도 문제가 있었을 것이고, 논문 내용 또한 만족스럽지 못해서 그러시겠거니 생각은 하면서도 교수님에 대한 씁쓸한 기분과 원망하는 마음을 금할 수가 없었습니다.

그런 저에게 지원장스님은 많은 격려와 지도를 베풀어 주셨습니다. 특히 교수님과의 관계를 들으시더니 "당신이 교수를 괴롭힌 것은 생각 안 하고 왜 교수를 원망합니까?"라고 꾸짖으시며 교수님을 부처님으로 보고 참회해 보라 하셨습니다. 처음에는 마음이 내키지 않았으나 집에서 혼자 교수님을 생각하면서 참회의 삼배를 올렸습니다. 그러자 마음속에서 '내가 잘못한 것이 뭔데?' 하면서 부아가 치밀었습니다. 안 되겠다 싶어 108배를 올렸는데 그렇게 고통스럽고 힘들 수가 없었습니다. 육체적으로 힘든 것이 아니라, 참회를 격하게 거부하는 생각을 누르려고 하니까 마음이 힘들고 괴로웠던 것입니다.

그때부터 아침저녁으로 108배를 올렸지만 진심으로 참회하는 마음은 일어나지 않았습니다. 오히려 원망이 커지면서 다른 망념들까지 덩달아 한꺼번에 뒤섞여 요동을 치는데 도저히 감당할 수가 없었습니다. '이 망념들에 굴복하면 나는 희망이 없다.'라는 생각으로 108배를 하고 또 했지만 마찬가지였습니다. 그러한 제 마음을 알고 계시던 지원장스님은 "망념들조차 주인공에 맡기십시오."라고 간곡하게 일러 주셨습니다. 또한 스님들이 저를 위하여 축원하고 있으니 마음을 편히 가지라고 하셨습니다.

그제야 '나'라는 자의식으로 망념을 이기려고 해서는 안 된다는 것을 깨달았습니다. 망념도 알고 보면 주인공의 나툼이니 주인공을 철석같이 믿고 '당신에게서 나온 것이니 당신이 알아서 하라.'라고 돌려놓으라 하신 큰스님의 가르침을 조금 이해할 것 같았습니다. 그 후 법회에서 두 분 스님들을 뵈면서 지극한 마음으로 축원하고 계신다는 것을 느끼고 가슴 깊이 감사드렸습니다.

비로소 마음의 안정을 얻고 시험 준비에 박차를 가할 수 있게 되었고, 시험이 있기 한 주 전부터는 부처님의 가피력을 더욱 뚜렷이 느낄 수 있었습니다. 마음의 긴장을 완전히 풀 수는 없었지만 불안과 공포는 점점 사라져 갔습니다. 이따금 불안한 마음이 솟아오를 때에는 '주인공이 하는 일인데 네가 웬 걱정이냐?' 하면서 안으로 관하면 다시 안정을 되찾을 수 있었습니다. 교수님께 참회의 삼배를 올릴 때에도 저로 인해 겪었을 마음고생들이 하나하나 헤아려지면서 진심으로 참회하는 마음이 우러났습니다. 말도 잘 안 통하고 학문의 방향도 잘 모르면서 제대로 따를 자세도 되어 있지 않은 외국 학생을 대하느라 그동안 얼마나 마음이 불편했을까 생각하니 참으로 죄송했습니다.

시험 날이 다가왔습니다. 잔뜩 긴장한 채 시험관들 앞에 앉아 그분들의 얼굴을 바라보았습니다. 그런데 다른 시험관은 물론이고 항상 엄격하고 냉랭하시던 지도교수님마저도 만면에 미소를 띠고 계셨습니다. 순간, 불안감이 일시에 사라져 버렸습니다. 교수님들의 질문이 시작되었고 저는 부족한 독일어로 성의껏 답을 했습니다. 교수님들은 호의적으로 경청해 주셨고 답이 좀 부족하다 싶으면 제스처를 쓰면서 힌트까지 주셨습니다.

그렇게 시종 화기애애한 분위기에서 90분간의 시험을 끝내고 나니 '참으로 부처님의 은혜가 하해와 같구나.'라는 생각이 들었습니다. 더구나 동양 학생으로서 참으로 어려운 조건임에도 불구하고 잘 해냈다고 지도교수님이 진심으로 칭찬과 격려를 해 주었을 때, 그동안 마음에 쌓였던 감정의 마지막 앙금까지 다 사라지는 것 같았습니다.

시험을 무사히 마쳤을 뿐 아니라, 그 과정을 통해 마음공부에 새롭게 눈을 뜰 수 있게 되어서 감사했습니다. 제가 받은 크나큰 은혜를 어떻게 보답할 수 있을까 생각하면 막막하기만 합니다. 어쩌면 마음공부를 하기 위해서 이곳 독일에 온 것인지도 모르겠습니다. '독일에 와서 진짜 유학을 했구나.'라는 생각에 가슴이 뭉클합니다.

부족한 저를 끝없는 자비심과 인내심으로 이끌어 주신 스님들께 깊이깊이 감사드립니다. 또한 함께해 주신 도반 여러분들께도 마음의 감사를 전합니다. 독일을 떠나도 한마음선원 독일지원은 항상 제 마음의 고향으로 남아 있을 것입니다.

5호 · 2002년

물방울을 굴리며

채숙례 | 본원

남편을 사랑하여 남다른 각오로 결혼을 한 지 20년째 접어든다. 종갓집 맏며느리가 되어 모시고 살았던 시어머니는 8년 전에 세상을 떠나셨다. 이제 아이들은 모두 결혼하였고, 남편의 지극한 사랑 속에서 지금은 삶의 정상에 올라 땀을 닦고 앉아 있다. 그러나 내려다보니 저 험한 산골짜기를 어떻게 돌고 돌아 올라왔나 아득하기만 하다.

나는 4남매를 두었다. 배 아프지 않고 세 아이를 얻었고, 결혼하여 아들 하나를 낳았다. 큰아들이 초등학교 4학년 무렵, 내가 친엄마가 아니란 사실을 알고 방황을 했다. 큰아들이 겪는 고통은 더 큰 고통이 되어 내게로 와 꽂혔다. 그때마다 나는 부처님을 찾으며 나

096

를 다시 '어미' 자리에 앉혔다.

아이들이 사춘기를 맞으며 겪은 고통은 상상을 초월했다. 난 언제나 고정관념으로 아이들을 가두려 했다. 내가 가장 아프고, 나만 상처를 받는다고 생각하며 아이들 탓만 했다. 아이들의 마음을 이해한다면서도 진정 아이들의 아픔을 한마음으로 굴려 생각하지는 못했다. 그러나 기복 신앙이었다 해도 절에 인연 지어 다닐 수 있었던 것은 모두 아이들 덕분이었다. 마침내 한마음선원에 온 것도 큰아들의 아픔을 씻어 주기 위해서였다.

어느 날, 참선 도중 '이 도량에 나를 인연 지어 주려고 큰아들이 오랜 기간 그렇게 힘들게 살아왔구나.' 하고 생각하니 눈물이 흐르고 가슴이 너무나도 아팠다. 그 아이가 다섯 살 때부터 피부병을 얻어 지금까지 괴롭게 살고 있는 것도, 사고란 사고는 모두 그 아이에게만 일어났던 이유도, 내가 겪어야 했던 고통 때문에 때로는 한없이 원망했던 것도 가엾고 불쌍해서 견딜 수가 없었다. '나 때문에, 모두가 나 때문에 그렇게 고통을 받았구나. 그런데 나는 이제까지 남 탓만 하고 있었구나!' 자라면서 말썽 한번 부리지 않고 존재 자체로 내게 기쁨과 위안을 주었던 막내아들과 큰아들이 둘이 아니었음을 깨달으면서 그제야 평등공법의 뜻을 알 것 같았다. 비로소 참으로 감사했다.

하루는 선원에 가려고 목욕을 하고 있었다. 물이 가득 담긴 욕조에 앉아 파란 바가지로 물을 끼얹었다가 바가지를 들여다보니 가장 밑바닥에 남아 있는 물 한 방울이 나라는 생각이 들었다. 그리고 주위의 많은 물방울이 남편, 아이들, 시동생들, 동서들, 시누이, 언니들, 오빠라는 생각이 들었다.

내 물방울을 가만히 굴려 남편의 물방울에 다가가 보았다. 하나가 되었다. 기뻤다. 그래서 아이들 물방울에도 굴러가 보았다. 또 하나가 되었다. 시동생들, 동서들, 시누이, 언니들, 오빠의 물방울에도 굴러가 보았다. 그리고 생각나는 이름의 다른 물방울에도 자꾸자꾸 굴러가 보았다. 굴러도 굴러도 물방울은 하나였다. '둘이 아닌 도리가 여기 있었구나!'

아침 참선 중에 파란 바가지의 내 물방울을 떠올리며 마음으로 열심히 굴려 보았다. 가족뿐만 아니라 내가 아는 모든 사람들을 떠올리며 물방울을 굴렸다. 물방울은 굴리면 굴릴수록 크기가 더하여 구르는 속도가 빨라졌다. 나는 신이 나 자꾸만 자꾸만 굴렸다. 법당에 모인 모든 도반들도, 우리나라 국민들도, 오대양 육대주 생물 무생물도 모두 굴릴 수 있을 것 같았다. 굴리면 굴릴수록 커지고, 커지면 커질수록 빨라지지만 결국 우린 모두가 하나였다. 일체가 주인공이면서 둘이 아님을 알았다.

'아하, 물방울이 스승이었구나!'

모든 것이 너무도 감사하다. 남편이 건강하게 내 옆에 있는 것만으로도 감사하고, 아이들이 모두 건강하니 그 또한 감사하다. 이 도량에서 좋은 도반들을 만났으니 감사하고, 큰딸과 이 도량에서 같이 공부하게 되어 더욱 감사하다. 이제 큰아들도 병고에서 벗어나고, 가족 모두 이 도량에서 함께 공부하는 원을 세운다. 마음의 파란 바가지에서 쉬지 않고 물방울을 굴리면서 내 주인공 자리에 일체를 놓는 공부를 해야지.

9호 · 2003년

향기로운 도반

김조균 | 울산지원

큰스님께서는 "모든 것은 마음이라는 바탕 위에 세워져 있다."라고 하셨다. 마음이라는 백지 위에 수많은 의식들이 그려 놓은 그림 속에 내가 살고 있다는 것을 그때는 몰랐다.

1999년경, 책꽂이에서 대행 스님의 수행기와 법문집을 보았다. 무심코 집어 든 그 책 속에, 결혼 초 갑작스러운 병으로 입원한 남편에게 형님이 보내는 편지가 들어 있었다. 형님의 편지를 읽고 울컥했다. 앉은 자리에서 스님의 수행기를 한달음에 읽어 내려갔다. 뭔가 알 수 없는 큰 울림이 전해져 읽는 내내 소리 없이 울었다. 그러나 법문 내용은 무슨 말인지 도무지 이해가 가질 않았다.

다음 해 부처님오신날 즈음, 식구들과 함께 형님 댁에 갔다가 조카가 참가한다는 학생회 거리포교단 공연을 보게 되었다. 형님에게 스님의 책을 읽었다는 이야기를 했더니 《한마음요전》을 건네주었다. 집에 돌아와 요전을 읽는데 습자지를 물에 놓은 듯 그냥 젖어 들었다. 모르는 내용이 많았지만, '모든 게 내 탓이구나.'라는 큰 깨달음에 가슴이 두방망이질을 쳤다. 그때부터 남편이 화를 내거나 짜증을 내도 내 탓이라고 생각했다. 그러면 손바닥을 뒤집듯 마음이 달라지는 것을 느꼈다. 마음에 따라 극락과 지옥이 펼쳐졌다.

그때는 '내 탓'이라는 것을 그저 '내 잘못'이라는 뜻으로만 받아들였다. 그런데 나중에 큰스님 법문집을 보니 이런 말씀이 적혀 있었다. "모든 것은 내 탓이다. 이 말은 내가 모든 것을 잘못했다는 의미가 아니라, 내가 모든 것을 만들어 가고 선택하고 그에 따른 대가를 받는다는 말이다. 내 탓을 하는 순간 내가 세상을 만들어 가는 고유한 주체가 되는 것이다. 자꾸 남 탓을 하게 되면 그 사람을 원망하고 무책임한 삶이 된다." 이런 깊은 뜻을 그때는 몰랐지만 근본 주인공은 알고 있었기에 '내 탓'이라고 생각하는 것만으로도 마음이 그렇게 달라질 수 있었던 것 같다.

일상생활 속에서도 누군가를 미워하는 나를 보게 되면 끊임없이 나오는 무수한 생각이 그물처럼 옥죄어 괴로웠다. 지금은 관하는 것을 알고 '그 생각이 나온 것도 거기니 거기서만이 해결할 수 있어.' 하고 놓고 가지만, 그때는 알아차리고 생각을 멈출 뿐이었다.

하지만 지켜보고 알아차리는 것만으로도 마음이 예전과는 달랐다. 그렇게 《한마음요전》은 나에게 삶을 바라보는 새로운 눈을 조금씩 뜨게 해 주었고, 보이지 않는 손으로 이끌어 주었다.

　하지만 여전히 선원에 나갈 생각은 못했다. 집에서 혼자 큰스님 법문집을 읽고 인터넷으로 법문을 들었다. 격월로 형님이 보내 주시는 《한마음》 저널을 보면서 관하는 법을 따라 했다. 형님은 여러 차례 선원에 다닐 수 있는 다리를 놓아 주었지만 쉽게 건널 수가 없었다. 지금 생각해 보면 내 안의 어떤 두려움이 발목을 붙잡고 있었던 것 같다. 그것 또한 나의 습(習)이었다. 혼자 생각하고 혼자 결정하고. 지금도 그런 습 때문에 생활 속에서 종종 부딪친다. 혼자 마음 공부를 한다는 것이 얼마나 모자라는 공부인가 싶지만, 끝까지 놓치지 않고 해 왔다는 것을 위안으로 삼는다.

　생각의 그물이 나를 옥죄는 것을 알아차리게 되니, 그다음엔 주체할 수 없이 일어나는 화가 문제였다. 아들이 예닐곱 살쯤 되었을 때였다. 마음속에 끓어오르는 화를 보며 '내가 이 불에 타 죽을 수도 있겠구나.' 하는 생각이 들었다. 화를 잘 안 내던 내가 소리를 지르고 폭력을 쓰는 모습을 보며, 화라는 것이 해결해야 할 큰 숙제라는 것을 알게 되었다.

　그땐 내가 나를 참 몰랐다. 언제 피곤한지, 어디가 불편한지, 지금 감정 상태가 어떤지, 무엇을 원하는지, 어떻게 화를 표현해야 하는지 아무것도 몰랐던 것 같다. 그저 참는 게 유일한 방법이었다. 지금은 나를 보살핀다. 무조건 내 편이 되어 자문자답하며 모든 감정을 인정해 준다. 화가 나면 '그래, 너 지금 진짜 화나지? 그럴 만도 해.'라고 다독거려 주면 가라앉는다. 그리고 관한다. '이렇게 화나게 하는 것도 그 자리이니 해결하는 것도 오직 너만이 할 수 있어.'라고.

요즘은 화날 일이 자연스럽게 줄었다. 기쁨, 슬픔, 즐거움, 괴로움 등 모든 감정을 생각해 보게 되었다. 남편이 나에게 화를 내거나 상처 주는 말을 해도 '저 모습이 내 모습이지. 둘이 아니잖아. 못났을 때의 내 모습이지.' 하고 큰스님 말씀을 되새긴다. "일체가 나 아님이 없고 내 아픔 아님이 없으니"라는 선법가 가사가 마음에 흐른다. 남편의 아픔, 외로움, 상처가 눈물이 되어 흐른다. 이 세상에 펼쳐진 모든 것은 내가 어떻게 보느냐에 따라 달라지는 것이기에, 내 안의 생각들이 어떻게 밖으로 펼쳐지는지 보려고 애쓴다. 무심코 했던 생각들, 그냥 흘러보낸 생각들을 어떻게 만들어 놓았는지 보려고 노력한다.

2010년, 드디어 선원에 가야겠다는 생각이 올라왔다. '오직 너만이 지혜롭게 이끌어 줄 수 있어.'라고 관하면서 매주 수요일마다 법회에 나갔다. 신행회에 들어갈 생각은 하지도 못했다. 집에서 선원까지 버스로 1시간 30분쯤 걸리는데, 먼 거리를 매주 오가며 다니려니 좀 힘들었다. 그러다가 집 가까운 데서 마음공부를 할 수 있으면 좋겠다는 생각에 선원에 나가지 않고 또 혼자 공부를 했다.

그러기를 일 년. 어느 순간 다른 길을 기웃거리고 있는 나를 보게 되었다. 정신이 번쩍 들었다. '오직 주인공만이 바르게 이끌어 줄 수 있어.'라고 관하고 몽땅 내려놓았다. 그리고 자연스럽게 다시 선원에 나가게 되었다. 무엇을 알아야 하는지도 모르면서 꼭 알아야만 할 게 있는 것 같아 《허공을 걷는 길》을 찾아 읽었다. 오직 알아야겠다는 일념뿐이었다.

작년에 법사스님 덕분에 수계도 받고 신행회에도 들어갔다. 신행회에 들어가서 처음으로 맡은 심부름이 큰스님 요사채를 청소하는 일이었다. 빨간색 격자무늬로 조각된 큰스님 의자를 닦고 닦아도 그 무늬 때문에 금방 먼지가 눈에 띄었다. 그걸 보면서 '닦은 새도 없구나. 아는 것도 없고, 안다 할 것도 없구나. 모르는 것도 찰나요, 아는 것도 찰나구나.' 하는 생각이 들었다.

그렇게 신행회 활동을 하면서 왜 도반이 필요하고 스님들이 계셔야 하고 도량이 필요한지 절실하게 깨달았다. 아프지 않게 공부하라고 큰스님께서 다 만들어 놓으셨는데, 그동안 혼자서 밖으로 돌

앞던 것이다. 스님들이 계셔야 흔들릴 때 붙잡아도 주시고 이끌어
도 주신다는 것을 알게 되었다. 도량 안이 일체의 세상이고 우주이
며, 모든 도반이 그냥 그대로 주인공이었다. 그 순간 여기가 불국토
였다.

지난 6월에는 스님의 권유로 합창단에 들어갔다. 제일 처음 배운
선법가가 '한마음의 밝은 등불'이었다. 노래를 정말 못해서 집에서
이어폰을 끼고 열심히 듣고 불렀다. "선법가를 노래라고 하지만 자
꾸 부르면 지극하게 염원하는 관이 됩니다."라고 하셨는데 정말 그
렇다. 내가 지금 이 자리에 있는 것도 한마음 한목소리로 큰스님의
가르침을 우주에 전해 준 도반들이 있기 때문이다. 나도 누군가에
게 한마음의 목소리로 스님의 가르침을 전할 수 있는 향기로운 도
반이 되기를 관한다.

77호 · 2014년

연잎을 비비며

이경실 | 부에노스아이레스지원

후두둑! 바람이 지날 때마다 우수수, 주저 없이 나무들이 잎을 떨군다. 여름내 그 모진 더위 속에서도 묵묵히 잘 버텨 내던 나뭇잎들이 어쩌면 저리 미련도 없이 지나는 한 줄기 바람에 홀러덩 옷을 벗는지….

지구 정 반대편 이곳에서, 고향을 향한 그리움 한 조각 가슴에 담고 가을을 맞이하고 보낸 지도 벌써 십삼 년째. 외롭고 힘든 이민생활을 하면서, 무슨 복인지 얼마 전 한마음선원과 인연을 맺었다. 요즘같이 어려운 시기에 마음 둘 곳을 만난 것이 얼마나 감사한 일인지 모른다.

서로에게 마음을 내 주지 못한 채 제 것만 챙기려다가 아르헨티

나의 경제는 결국 낭떠러지 끝에 섰다. 더 잘 먹고 더 잘살려는 욕심과 불안한 경제로 인한 근심 걱정으로 모두들 신경이 곤두서서 사는 요즘, 선원에서 연잎 비비기를 시작했다. 신선한 감동이었다.

아직 주인공이 뭔지 제대로 알지도 못하고 헤매는 나에게 스님께서는 연등 만들기를 위한 사전 작업으로 연잎을 비벼야 한다고 말씀하셨다. 억지춘향으로 시작한 터라 연잎을 비빌 때마다 몸도 같이 꼬이는 기분이었다. 그러던 어느 날, 스님 손을 덜어 드리자는 아주 짧고 단순한 생각에 비벼야 할 연잎 종이를 받아서 집으로 돌아왔다.

이른 아침 아이들을 학교로 보내고, 전날 밤 쑤어 놓은 밀가루 풀을 꺼냈다. 겹겹이 붙은 붉은 연잎 종이를 입으로 후후 불어 떼어내고 연잎을 비비기 시작했다. 그러기를 3시간 남짓, 구부렸던 허리를 길게 펴며 기지개를 켜는 순간, 아주 짧은 순간이지만 내 주인공 자리를 본 듯했다. 밖에서 일어나는 어떠한 현상에도 끄달리지 않은 채 마음이 점점 고요해졌다. '밖으로 끄달리는 것도 너고, 이렇게 무심으로 고요하고 편안해질 수 있는 것 또한 너구나. 마음에 연등 하나 밝혀 어떠한 어둠이 다가와도 물러남 없이, 보다 밝은 마음으로 마음공부 열심히 하게 해!' 하고 관했다.

시간이 흐를수록 엄지와 집게손가락은 마치 봉숭아 물을 들인 듯 점점 짙은 선홍색으로 변했다. 허리와 어깨의 결림조차 불편함이 아닌 편안함으로 느껴졌다. 손이 움직일 때마다 뚝뚝 떨어지는 연잎들을 보며 감사함으로 눈물겹기만 했다.

비벼진 연잎이 수북이 쌓여 갈 때쯤에야 고개를 끄덕일 수 있었다. 이렇게 만들어진 연잎들이 하나둘 모여 하나의 연꽃을 만들고, 그 안에 오롯이 마음 담은 촛불 하나 밝혀 드니 그대로가 여여한 마음자리임을. 그렇게 여여한 마음들 한데 모여 한 줄의 연등으로 연결되니 그 모두가 한마음 한 몸임을.

4호 · 2002년

03

길을 찾는 공부

한 문장 공부법

이정형 | 본원

처음 불교를 접하게 된 것은 대구에서 아내 손에 이끌려 불교대
학과정을 다니면서였습니다. 일주일에 한 번씩 절에 가서 사찰 예
절이나 기초 교리 등을 배우며 차츰 관심을 갖게 되었지만, 늘 마음
한구석이 빈 것 같았습니다. 매주 토요일이면 시내 불교 서점에 가
서 마음을 채워 줄 책을 찾곤 했습니다. 그러던 중 우연히 《한마음
요전》을 발견하고 벅찬 마음으로 읽고 또 읽었습니다.

그 후, 큰스님 법문집 《허공을 걷는 길》이 나왔다는 소식을 듣고
처음으로 대구지원을 방문해서 법형제법회편 두 권을 사서 밤을 새
워 읽었습니다. 2003년에 경기도 분당으로 이사하면서 인터넷으로
본원의 위치를 찾아서 오게 되었습니다. 정기법회에 혼자 다니면서
8년을 보내고 나서야 법형제회에 가입하여 여러 도반들과 교류를

하기 시작했습니다. 나중에 생각하니, 인연 만들기가 쉬운 일도 아니지만 그만큼 세월도 필요했던 것 같습니다.

지난 4월 부처님오신날 등 거치대 설치 울력이 있던 날이었습니다. 함이 없이 한다는 마음으로 시작한 울력이 오후 늦게 끝나고 법형제 회원 모두가 선원 안으로 들어서는데, 스님께서 나오셔서 한 분 한 분을 맞이하며 수고했다는 말씀 대신 "한 바가 없습니다."라고 하시며 회향을 해 주셨습니다. 스님의 그 말씀을 듣는 순간, 하루의 피로가 스르르 녹아내리고 새로운 힘이 솟아나는 것을 느꼈습니다. 울력에 참석했던 법형제 모두가 느꼈으리라 생각됩니다. 더디게 시작한 도반들과의 활동이지만, 막상 시작하고 나니 순간순간 감사함을 느끼며 공부할 수 있게 되었습니다.

오랜 세월을 부부로 함께 살다 보면 살아온 세월만큼 고운 정 미운 정이 쌓입니다. 가끔은 쌓였던 미운 감정이 쏟아져 나와 참으로 난감하고 수습하기 힘들어 관계를 회복하는 데 오랜 시간이 걸리기도 합니다.

어느 날, 미운 정을 한껏 쏟아낸 후 조용한 시간이 되었을 때 '내가 하는 것도 내가 아니고 주인공이 하듯이, 저 사람이 하는 것도 저 사람이 아니고 주인공이 하는 것이구나!'라는 생각이 들었습니다. 그렇게 한껏 미워만 했던 저 사람도 나도 한 바가 없다고 생각하니 미안해졌습니다. 미운 정 쏟아내느라 고달팠겠구나 하는 마음에 힘들지 않게 하라고 한참 동안 관하게 되더군요. 그러자 미움, 원망, 증오가 스르르 녹아내리고 마음이 편안해졌습니다. 그리고 다음 날이 되니 과거와 달리 언제 그랬냐는 듯이 관계가 회복되는 것이었습니다. 큰스님께서 "자식이나 부부에 관한 모든 문제는 말로 해서 풀리는 것도 아니고 몸을 잡아서 풀리는 것도 아니니, 오로지 주인공에 놓고 맡기는 것만이 모든 업을 녹여 줄 수 있다."라고 하신 말씀이 이해되고 나에게도 적용되는 것을 알았습니다.

그 이후로는 부부로 살아오면서 잘하고 잘못한 모든 것에 대하여, '저 사람이 한 바가 없다는 것을 내가 알고 주인공이 알고 있으니 힘들지 않게 이끌어 가.'라고 관하고 있습니다. 그래서인지 이제는 서로가 편안하게 지낼 수 있게 되었습니다. 스님의 가르침을 만나지 못했다면 이 문제를 어찌 해결할 수 있었겠습니까?

길지도 짧지도 않은 세월 동안 선원에 다니면서 《한마음요전》과 법문집을 많이 읽었습니다. 그러나 타성에 젖어 그날이 그날 같은 생활 속에서 마음공부의 진전이 없다고 느껴지곤 했습니다. 책을 읽을 때는 이해가 되고 알 것 같은데, 덮고 나면 무엇을 읽었는지 확실하게 기억에 남는 게 없었습니다. 스님께서는 늘 주인공을 믿고 그 자리에 맡겨 놓으라고 하셨는데 믿음이 부족해서인지 간절함이 부족해서인지 맡겨 놓는 것이 잘 되지 않았습니다. 알고는 있으면서 실천을 잘 하지 못하니 답답한 마음에 한 문장이라도 제대로 알아듣고 가 보자는 생각이 들었습니다.

　그러던 어느 날 요전을 읽다가 "우리가 지금 하고 있는 모든 것이 바로 주인공이 하고 있는 것인 줄을 철저하게 믿어야 한다."라는 한 문장이 제 마음에 확 와 닿았습니다. 그전에도 그 문장을 읽었지만 그날은 더 또렷이 마음에 다가와 이 한 문장을 붙들어야겠다 생각하고, 몇 번이나 읽고 쓰면서 마음에 새겼습니다. 그러고는 틈만 나면 마음속으로 되새기기를 계속하였습니다. 사람들이 북적이는 대중교통을 이용하거나 혼자 길을 걸을 때, 일을 할 때, 언제 어디서나 한 문장의 법문은 내 마음속에서 돌아가고 있었습니다. 점차 내가 하는 모든 것이 내가 하는 것이 아니라 주인공이 하는 것이라는 의식이 자리 잡아 가게 되었고, 어느새 그 한 문장이 손에 딱 맞는 주장자가 되어 있는 느낌이었습니다. 항상 내 손에 딱 맞는 주장자를 잡고 있으니, 자연히 마주치는 모든 일들을 두려움 없이 당당하고 편안하게 대할 수 있게 되었습니다.

　어느 날은 한 문장을 들고 관하다가 응용을 해 보자는 생각이 들었습니다. '지금 하고 있는 모든 것이 주인공이 하는 것이라면 과거에 내가 잘한 것, 못한 것도 모두 내가 한 것이 아니라 주인공이 한 것이지 않은가.' 그러니 진정 내가 한 바가 없다는 것을 알게 되었고, 그렇게 믿고 나니 자연스럽게 주인공에 맡기는 관을 할 수 있게 되었습니다. 그 후 마주하는 상대도 상대가 하는 것이 아니라 주인공이 하는 것이라는 생각이 들면서, 상대에 대한 미움과 원망이 사라졌습니다. 또한, 상대에게 화낼 일도 없다는 것을 알게 되면서 모든 사람들과의 관계를 매우 편안하고 원만하게 유지할 수 있게 되었습니다.

이렇게 '주인공이 모든 것을 한다'는 짧은 한 문장을 쥐고 늘 생활하다 보니 상대에 대하여 잘하고 못하고를 따지지 않게 되었고, 다가오는 일들을 자연스럽게 주인공에 다 놓을 수 있게 되어 언제나 편안한 마음으로 활기찬 생활을 할 수 있게 되었습니다. 아직도 가야 할 길이 멀고 해야 할 공부도 많습니다. 이제 겨우 발걸음을 뗐었습니다. 짧은 한 문장을 주장자로 쥐고 끝없는 이 길을 뚜벅뚜벅 걸어가겠습니다.

95호 · 2017년

진화하기 위해 만난 인연

박귀향 | 대구지원

남편을 만나면서 불교와 인연이 되었습니다. 그는 절에 갈 때나 스님을 뵐 때 종종 저를 데리고 다녔습니다. 그렇지만 불심이 일어나지 않았습니다. 결혼 후 첫째 아이를 낳자 시아버님께서 이름을 지어 오셨는데 아이에게 대모를 정해 주거나 아이를 팔아 주는 게 좋겠다는 말씀을 하셨습니다. 아이가 다섯 살 되던 해 겨울, 청주 어느 암자에 계신 노스님과 인연이 닿았습니다. 100세를 넘긴 스님께서 아이 머리를 쓰다듬으시며 "14세부터 17세까지 힘들겠다."라고 말씀해 주셨습니다. 이사 문제로 철학관을 방문한 적이 있었는데 그곳에서도 아이가 17세가 되면 머리에 심한 장애가 올 수도 있겠다고 했습니다. 그런 말들을 자꾸 듣게 되니 제 마음에 심한 두려움과 강박과 집착이 생기기 시작했습니다.

아이가 중학교에 입학하면서부터 두려움이 현실로 다가왔습니다. 사소한 일들도 어렵게 꼬여 갔습니다. 어느 스님을 소개받아 그간의 사정을 말씀드렸더니, 아이를 용왕에게 팔아 주라고 했습니다. 그때부터 3년간 정성을 다하여 초하루, 보름마다 용왕 전에 초를 켰습니다. 불교대학에 다니며 백일기도를 올리고 집에서는 늘 경전을 독송하면서 언젠가 닥칠지 모를 액난을 모면하고자 정진했습니다.

어느덧 아이는 열일곱 살이 되었습니다. 좋은 성적으로 고등학교에 진학해서 반장도 맡았습니다. 하지만 3월 어느 날부터 천식과 알레르기, 두통으로 힘들어하기 시작했습니다. 일주일에 서너 번씩 한의원과 병원으로 데리고 다녔습니다. 그러면서 아이는 학업에 의욕을 잃었고 스트레스가 점점 심해졌습니다. 저는 다시 기도처를 찾아다니며 기도를 올렸고, 매일 108 참회와《금강경》독송 등을 하며 눈물로 아이의 건강을 간절히 애원하였습니다.

어느 날 집으로 돌아오는 길에, 버스를 기다리는 한 노스님을 보고서 목적지까지 모셔다 드려야겠다는 생각이 문득 들었습니다. 그분을 모시고 가는 도중, 그간 풀지 못했던 몇 가지 의문을 조심스럽게 여쭈었습니다. 그러자 스님은 몇 권의 책을 소개해 주셨고 그중《한마음요전》을 읽어 보라고 하셨습니다. 그러면 어디 물어보고 다닐 것도 없이 속이 훤해질 거라고 했습니다. "절이라고 다 절이 아니고 머리를 깎았다고 다 중이 아닙니다. 스승을 잘 만나야 합니다. 대구 중동 쪽에 한마음선원이 있는데 그곳 스님을 찾아뵙고 말씀드리면 잘 일러 주실 겁니다."라는 말씀도 남겨 주셨습니다.

무작정 그 스님이 가르쳐 주신 선원에 찾아갔습니다. 아들의 병고액난을 모면하고자 정성을 다해 올렸던 그간의 기도가 그렇게 한마음선원과의 인연으로 이어졌습니다. 그 후 《한마음요전》과 그간 넣어 두었던 불교 서적들을 다시 읽었고, 점차 마음의 안정을 찾아갔습니다. 주위 도반들이 선원 생활에 잘 적응할 수 있도록 도와주었고, 신행회와 합창단에도 가입하여 열심히 정진하였습니다. 아이의 증세는 여전하였지만 막연히 주인공이 다 해결해 줄 것만 같았습니다.

하루는 아침에 아이가 또 머리가 아프다고 했습니다. 안 되겠다 싶어서 지원장스님을 찾아뵙고 그간의 일들을 모두 말씀드렸습니다. 스님께서는 아들과 제가 서로 진화하기 위해 만난 소중한 인연이며 아들이 제 스승이라 하셨습니다. 그 말씀을 들으니 오랫동안 마음을 옭아매고 있던 죄책감과 불안, 악연이라 생각하며 지내온 나날들의 족쇄가 스르르 풀리는 것 같았습니다. '아들아! 그렇게 아파하며 나를 공부하게 이끈 너의 마음을 잊지 않으마! 너의 참마음에 감사하며 열심히 공부하마. 뼈를 깎는 수행인들 어찌 마다할 수 있겠니? 부지런히 마음 닦아 지혜 얻어 모든 중생들에게 무주상 보시로 베풀어 너의 갸륵한 공덕 회향하마.' 그리고 스님께 부탁드려 천도재도 지냈습니다. 그날이 저와 아이의 새로운 출발점이 되었습니다.

그즈음, 한마음과학원에서 주최하는 '마음공부포럼'에 참여해 도반들의 신행담을 듣게 되었습니다. 한 분이 2년째 동안거 정진에 참석하는데 기간을 정해 집중하니 수행이 한층 더 깊어지는 걸 느낀다고 했습니다. '그래, 당장 새벽 정진을 해 보자.'라고 결심했습니다.

처음 정진할 때는 관이 무엇인지 몰랐습니다. 그냥 앉아서 마음을 비우기만 하면 되는 줄 알았습니다. 하루는 꿈을 꾸었는데, 본원 우주탑이 있는 광장에 신도들이 줄지어 앉아 있었습니다. 누군가 일어나서 저를 가리키며 "큰스님, 이 보살 좀 가르쳐 주세요."라고 했습니다. 그러자 스님께서 나오셔서 "하나가 곧 일체요, 일체가 곧 하나니라."라는 게송을 읊으셨습니다. 저는 《한마음요전》을 앞에 놓고 새까만 고무신에 맑은 물을 담아 솔로 문지르고 있었는데 누군가 제게 성적표를 갖다 주었습니다. 성적표는 세 가지 항목으로 다섯 칸씩 나누어져 있었습니다. 첫째 항목 '지극정성' 난에는 동그라미 다섯 개, 둘째 항목 '우주와의 일체성' 난에는 동그라미 네 개, 셋째 항목 '참선' 난에는 동그라미가 하나도 없었습니다.

아무리 꿈속의 일이라지만 참선하는 방법이 잘못되었나 싶고 마음이 급해져서 스님께 말씀을 드렸더니 "어떻게 하고 있습니까?"라고 물으셨습니다. "그동안 해 온 대로 믿고 맡기고 지켜보면서 가만히 있다가 떠오르는 것이 있으면 '주인공' 하고 또 가만히 있습니다."라고 말씀드리자 스님께서는 "지금까지 비우기만 했으니 이제는 그 빈 그릇에 하고 싶은 요리를 마음대로 지어 드세요."라고 하셨습니다.

그 후로는 새벽 정진 때 관하면서 한생각을 내었습니다. '주인공! 남편이 건강하게, 하는 일 모두 원만하게 이루어지게 해!'라고 관했더니 눈앞에 산이 있고 그 아래 계곡에 물이 졸졸 흐르는데 어느 순간 그 물이 다 스며들고 없어졌습니다. '저 물이 다 마르면 안 되는데….'라는 마음이 들자, 계곡에서 폭포수가 쏟아져 내렸습니다. 안심이 되었습니다.

그다음에는 아들을 위해 마음을 냈습니다. '주인공! 아이가 모든 병고로부터 벗어나 항상 건강하고, 하고자 하는 모든 일이 원만하게 이뤄지게 해!'라고 관했더니 순간 어느 영가가 눈앞에 나타났습니다. 섬뜩하였습니다. 어떻게 해야 할지 몰라 '날 시험하지 마. 날 시험하지 마.' 자꾸만 되뇌었더니 사라졌습니다. 그날은 무서워서 더 이상 관할 수가 없었습니다.

정진이 끝난 후 스님께 참선 중에 있었던 일을 말씀드렸더니 "그 때 마음이 어떻게 작용했느냐?"라고 물으시며, 그 마음을 잘 지켜보라 하셨습니다. 그리고 그 영가가 궁금하면 "당신이 누구냐?" 하고 되물어보라고 하셨습니다.

다음에 관할 때 영가에 대해 관해 보기로 하였습니다. '주인공! 너는 그 영가가 누군지 알지? 어떤 인연인지 알게 해.'라고 했습니다. 너무도 선연하게 그 영가의 가슴 아픈 사연이 파노라마처럼 펼쳐졌고 그의 고통이 그대로 느껴졌습니다. 순간, 가슴이 너무 답답하고 아파서 숨을 쉴 수조차 없었습니다. 그런데 법회 때 들었던 큰스님 말씀이 떠올랐습니다. "믿고 맡기고 지켜보라. 물러서지 않는 마음으로 지켜보라." 눈을 뜨면 모든 것이 사라질 것만 같았습니다. 너무나 무서웠지만 '물러서지 말아야 해. 눈을 뜨지 말아야 해.' 하고 주인공만 부르며 호흡이 돌아오기를 기다렸습니다. '무슨 뜻인지 모르겠어. 똑바로 알게 해. 세상을 바로 보게 해.' 그러자 말 한마디 없이 나와 아들과 그 무명영가와의 모든 인연을 확연하게 알 수 있었습니다. 어떻게 그것이 가능한지 신기하기만 했습니다. 그날 다시 스님께 점검을 받고 인연 고리를 확연히 알게 되었습니다. 집으로 돌아오는 길에 생각해 보니 이 모두가 소중한 인연인데 싶어 스님께 부탁드려 천도해야겠다고 마음먹었습니다.

　하지만 이후 며칠 동안 새벽 정진에 나갈 수 없었습니다. 그날의 아픔이 느껴져 다시 앉기가 두려웠습니다. 또한 제 전생이 너무나 혐오스러웠습니다. 위선자, 이중인격자, 천사의 탈을 쓴 악마라는 생각에 집에도 있을 수가 없었습니다. 거울 속의 나를 쳐다볼 수가 없었으며, 눈물조차 가식으로 느껴졌습니다.

　그런 제 마음을 아시고 스님께서 말씀하셨습니다. "그렇게 여려서야 어찌 대장부의 삶을 살아가겠습니까. 우리가 지난 억겁 세월을 살아오며 어찌 도둑질은 안 했겠으며, 살인은 안 했겠으며, 왕인들 안 되어 봤겠어요? 이제부터 한 남편의 아내와 두 자녀의 어머니를 떠나 큰 어머니로 살아가세요. 그렇게 하는 것이 인연 고리에서 벗어나는 지름길입니다."

　그 후 아들과 나의 인연에 얽힌 무명영가 천도재를 지내고, 다시 새벽 정진을 시작하였습니다. 아들만 생각하면 무엇인지 모를 죄책감에 쫓겨 살아 온 삶의 무게를 그제야 내려놓게 되었습니다. 아들이 머리가 아프다 해도 예전처럼 걱정되지 않았고, 무명영가 천도재를 지낸 이후에는 더 이상 아프다는 말을 듣지 않게 되었습니다. 수많은 방편과 약의 굴레에서 벗어난 것입니다. 그리고 나서는 그간 남편과 아이들에게만 향했던 마음이 제 자신을 보는 삶으로 바뀌었습니다.

정진 시간에 늦었다 싶어 급히 가다 시계를 보니 새벽 3시였습니다. 법당에서 30분간 참선을 했습니다. 새벽 종소리와 함께 '일체유심조'라는 구절이 마음에 파고들어 왔습니다. '그래, 너였구나. 이 모든 것이 내 생각이 지어 낸 거였구나.' 나의 몸은 저 종소리에서 퍼져 나오는 음파에 진동하고 있었습니다. 모든 걸 주인공에게 맡겼습니다. '저 종소리와 내가 이 고요함 속에서 하나 될 수 있다니. 마음 없는 마음이여! 주인공, 알게 해 줘서 감사해!'

예불이 끝나고 정진에 들어갔습니다. 얼마 후 허공에 '나'라는 굵고 검은 글씨가 큼직하게 새겨졌습니다. '내가 어쨌다고. 똑바로 알게 해.'라고 하자, '마음을 우체국 삼아라.'라는 말이 무심코 읊조려졌습니다. 그리고 아픈 아이를 무릎에 눕힌 엄마의 모습이 보였습니다. '나를 보듯 하라.'라는 주인공의 메시지로 여겨졌습니다. 이토록 상냥하고 섬세하게 이끌어 주는 주인공 자리에 감사했습니다.

때마침 수계 문제로 아들과 갈등을 겪고 있던 저는 마음속 우체국에 매일 편지를 보냈습니다. '아들아, 혼란스럽게 해서 미안해! 나도 너를 이해해 주고 감싸 주는 다정한 엄마이고 싶어. 지치고 힘들 때 기댈 수 있고, 무거운 보따리를 풀어 놓고 쉬어 갈 수 있는 햇살 따뜻한 언덕으로 남고 싶구나. 하지만 이제 엄마는 저 피안의 언덕이 있다는 것을 알게 되었단다. 그곳에서 너희들과 함께하고 싶구나. 함께해 준다면 한 걸음 한 걸음 정말 행복할 것 같아!'

주인공은 가장 훌륭한 우편 배달부였습니다. 그동안 보낸 편지에 대한 답장인 듯, 그해 겨울 아이와 함께 수계식에 참가할 수 있었습니다. 살얼음 밟듯이 살아온 지난 시간들을 뒤로하며, 아들의 열일곱 해가 저물어 갑니다.

28호 · 2006년

7년 만의 대박

원정란 │ 본원

　선원에서는 각 신행회가 조를 이루어 약 7개월마다 한 번씩 공양
간 봉사를 한다. 올해 서초 지역이 속해 있는 6조는 촛불재와 설날,
그리고 큰스님 생신이 있어서 일이 가장 많은 2월에 소임을 맡았
다. 2월에 공양간 울력을 맡게 될 확률은 7년에 한 번이라 신도들은
2월 봉사를 '7년 만의 대박'이라고 부른다. 그만큼 어렵고 귀한 기회
이기 때문에 재미난 표현이 생긴 것 같다.

　남들은 7년 만에 만나는 기회를 선원에 입문한 지 5년 만에 맡았
으니 잘 해내야겠다고 단단히 각오를 했다. 우리가 누군가? 없는 것
도 있게 하고, 안 되면 되게 하고, 긍정도 대大 긍정을 배우고 있는
사람들이 아닌가! 보나마나 이번 소임도 거뜬히, 아니 훌륭하게 해
낼 수 있으리라 확신했다. 한편으로는 지금껏 배운 공부를 제대로

126

실천해 볼 기회가 아닌가 싶어 조금은 흥분도 되었다. 다만 작년에 부러졌던 어깨뼈 때문에 오른쪽 팔이 좀 불편한 게 신경 쓰였지만, 그것도 주인공 자리에 맡기고 치료에 최선을 다했다.

드디어 2월 봉사가 시작되었다. 예상보다 많은 도반들이 동참했다. 모두들 단단히 마음을 낸 모양이었다. 그런데 설날이 특히 걱정이었다. 그날은 각자 집에서 차례를 모시느라 몸놀림이 빠르고 몸을 사리지 않는 젊은 보살들이 많이 빠지게 될 것이기 때문이었다. 하지만 이 또한 마음자리에 맡기기로 했다.

설날 아침, 큰집에서 제사를 지내고 선원에 오려니 마음이 바빴다. 다행히 선원 일이라면 절대적인 응원군이 되어 주는 남편과 늦둥이가 마음을 모아 줘서 11시 30분쯤에 무리 없이 도착할 수 있었다. 봉사자 몇 분이 먼저 와 계셨지만 지역장들은 도착 전이었다. 공양주 보살님이 반기며 데려간 곳은 커다란 솥단지 앞이었다. 큰 고무 통 두 개에 가득한 고사리를 볶으라는 것이었다. 어떤 일이든 자기 일같이 열심히 하는 보살님 한 분과 양쪽에서 긴 주걱으로 박자를 맞춰 가며 볶았다. 마치 아픈 팔을 물리치료 하듯 앞뒤로 열심히 저어 댔다. 옆에 있는 솥에서도 두 보살이 고사리를 볶아 냈다. 함께하는 보살님과 연신 웃음을 나누며 하다 보니 그 많던 고사리를 어느새 다 볶았다.

몸은 온통 땀범벅이었다. 겨우 한숨 돌릴까 했더니 공양주 보살님이 이번엔 무나물을 볶으라고 하였다. 이미 솥이 달궈진 상태라 잠깐 쉬었다 하겠다고 말할 틈도 없었다. 옆에 달린 손잡이를 돌리니 큰 무쇠솥이 반듯하게 섰다. 처음 보는 광경이라 신기했다. 한쪽에서는 솥을 물로 깨끗이 닦아 준비를 하고, 한쪽에서는 무를 채 썰느라 바빴다. 날라 온 무채를 솥에 넣고 소금과 기름을 적당히 뿌린 후 손으로 잘 버무린 다음 볶아 내야 하는데, 무나물 양이 시쳇말로 장난이 아니었다. 솥에 몸을 반쯤 집어넣고 버무릴 땐 나도 모르게 "오, 주인공!" 소리가 절로 나왔다. 힘든 만큼 즐거웠다. 이런 어마어마한 대중공양에 동참하게 된 것도 즐겁고, 이렇게 많은 음식을 만들어 내는 것도 즐거웠다. 이런 기회가 고맙기만 했다.

다른 보살님들도 한쪽에서 미역을 씻거나 그릇을 꺼내기도 하고 전을 부치기도 하는 등 쉬는 손이 없었다. 모두 보현보살이었다. 그렇게 다섯 시간이 찰나처럼 지나갔다. 마치 안거에 참석해 참선을 하는 듯했다. 기쁜 마음으로 대중공양을 준비했으니, 이렇게 복 지을 일이 어디 있을까! 분명 대복이었다.

동안거 마지막 날, 회향 자리에서 발표를 하게 되었다. 그날도 공양간 봉사가 있어서 먼저 발표를 하고 내려왔는데, 회향식 발표자로 나를 뽑았다고 도반들이 알려 주었다. 사람들 앞에서 공부 이야기를 하는 게 쉬운 일이 아니다 보니 그 자리에 없던 내가 뽑혔구나 싶어 한편으로는 부담스러웠다. 하지만 나선다는 부정적인 생각을 떨치고 나눈다는 긍정의 마음을 냈다. 동안거 마지막 날 도반들 앞에서 한 번, 다음 날 대법당에서 또 한 번, 그렇게 모두 세 번이나 발표하는 영광을 누리게 되었다. 또한 안거를 이끌어 주신 스님께서 장학생이라는 칭찬까지 해 주셨으니, 이 모든 게 공양간 대박 봉사 덕분이 아니겠는가. 브라보!

'7년 만의 대박'을 경험하며 참 많은 공부를 했다. 어떤 보살님은 몇 년 전에 암 수술을 해서 아직 힘든 일은 못하는 상황이지만 그래도 우리 지역이 당번인데 쉴 수 없다며 콩나물이라도 다듬어 주겠다고 소매를 걷어붙였다. 처음에는 몇몇 보살님과 마음에 걸리는 일이 있어서 스스로 못마땅했으나 한마음으로 돌리니 결국은 편하게, 있는 모습 그대로 내려놓게 되었다. 둘이 아닌 것은 사람만이 아니었다. 엄청난 양의 나물도, 그릇에 담기는 하얀 밥도, 구수하게 끓인 시래깃국도 둘이 아니었다.

봉사를 끝내고 집으로 돌아올 때마다 의식은 최상승의 환희심과 희열을 느꼈지만, 몸은 마치 죽은 사람처럼 나락으로 빠져들었다. 잠인지 잠수인지 모를 아득한 상태로 정신없이 곯아떨어져서 한참을 자야만 했다. 하지만 그렇게 한숨 자고 나면 언제 힘들었냐 싶게

컨디션이 회복되었다. 그러면 다시 쌩쌩하게 일어나 선원으로 향했다. 그렇게 한 달 동안 13일의 봉사를 무사히 마쳤다.

앞으로도 선원 일이라면 어떤 일이든 큰스님의 은혜에 보답하는 기회로 삼아 무조건 하기로 다짐했다. 누군가 해야 한다면 내가, 어차피 해야 한다면 최선을 다해 열심히 할 작정이다.

51호 · 2010년

죽음 앞에 남는 것

김생곤 | 광주지원

한마음선원을 알게 된 이후, 전주에서 광주까지 오가며 큰스님의 가르침에 따라 공부한 지도 어언 5년이란 세월이 흘렀습니다. 그동안 저희 부부는 공부가 행복이고 생활이었습니다. 나름대로 주인공을 믿고 열심히 한다고 했지만 주인공에 대한 믿음이 얼마만큼인지는 알 수 없었습니다. 그러던 중 아내가 췌장암 말기 진단을 받게 되었습니다. 그 일로 아내와 저는 얼마나 주인공을 믿고 있는지, 생명까지도 맡길 수 있는지 깊이 체험하게 되었습니다.

아내는 평소에 조금만 무리하면 피곤함을 느끼고 입맛이 없어 식사를 잘 못하곤 했습니다. 밤에 가끔 위통도 있었지만 갱년기라 그런가 하고 심각하게 생각하지 않았습니다. 동네 약국에서 약을 사

먹으면 우선은 괜찮아지곤 했기 때문입니다.

옻닭이 위장병에 좋다 해서 친구가 산에서 베어 온 옻나무를 닭과 함께 고아서 3일 동안 먹었습니다. 아내는 평소에 옻을 타지 않았는데 그때는 과하게 먹어서인지 온몸에 옻이 올라서 잠을 이루질 못했습니다. 약을 복용해도 나아지지 않고 몸이 부어서 며칠을 고생했습니다. 얼마 후 배가 아프다고 해서 동네 병원에서 초음파 검사를 했습니다. 의사는 췌장에 이상이 있는 것 같다며 종합병원에 가서 정밀 검사를 받아 보라고 권했습니다.

전북대병원 응급실에서 CT 촬영을 했고, 췌장암 말기라는 진단을 받았습니다. 앞으로 3개월을 넘기기가 어렵다고 했습니다. 그 말을 들었을 때의 충격은 지금도 잊을 수가 없습니다. 아내는 계속 심한 복통을 호소하였고, 새벽녘에 진통제를 맞고서야 잠이 들었습니다. 그날 밤은 그렇게 응급실에서 지냈습니다.

다음 날부터 3일간, 입원실로 옮겨 암센터에서 정밀 검사를 하였습니다. 각종 촬영과 조직 검사를 하고 결과를 기다리는 동안, 혹시나 옻닭 때문에 생긴 오진이 아닐까 하고 일말의 기대를 걸었습니다. 하지만 췌장암 말기라는 진단과 함께 5cm나 되는 암세포가 꼬리 부분에 있어 수술은 불가능하고, 항암제 투여나 방사선 치료를 받아야만 몇 개월이라도 생명을 연장할 수 있다는 최후통첩을 받았습니다.

더 이상 그 어떤 기대도 할 수 없는 상황이었습니다. 췌장은 물론 다른 장기에도 전이가 되어 손을 쓸 수 없다는 말을 의사로부터 들었을 때, 심장이 멈춰 버릴 것처럼 고통스러웠습니다. 누구에게도 말할 수 없었습니다. '주인공, 너만이 해결할 수 있어. 네가 있다는 걸 보여 줘!' 그렇게 주인공을 수없이 부르면서도 아내 앞에서는 아무 내색도 할 수 없었습니다. 아무런 도움도 줄 수 없는 게 더 큰 아픔이었습니다.

'의사 말대로 항암 치료를 받아야 하나?', '서울에 있는 더 큰 병원에 가서 재검을 받아 봐야 하나?', '퇴원해서 자연 치유법을 하면서 주인공에 믿고 맡겨야 할까?' 여러 고민 속에서 결단을 내리지 못하고 있었습니다. 그런데 아내는 주인공에 대한 믿음이 확고했는지, 의외로 대담하고 침착했습니다. 운명으로 받아들이는 것 같기도 했습니다. 아내는 항암제 치료는 받지 않겠다며 퇴원을 하겠다고 했습니다. 자연 치유를 하면서 모든 걸 주인공 자리에 맡기자고 간절히 나를 설득한 것입니다.

퇴원 전날, 광주지원의 스님들과 도반들이 촛불재를 봉행하는 동안 아내의 건강을 한마음으로 축원하고 있다는 소식을 전해 들었습니다. 얼마나 큰 위안이 되었는지 모릅니다. '이것이 바로 한마음이구나! 스님들과 도반들이 한마음으로 함께한다면 무엇이 두려우랴.' 너무나 감사한 마음에 꽉 막혔던 가슴이 뻥 뚫리며 참았던 눈물이 흘러내렸습니다. 그 순간 한마음선원 신도라는 것이 너무나도 행복하고 감사했습니다.

우리 부부는 스님들과 도반들에게 감사의 마음을 전하고 싶어 촛불재 마지막 날 선원에 가서 저녁예불을 함께 모셨습니다. 스님들과 도반들의 뜨겁고 간절한 마음을 알았기에 더욱더 믿음을 굳건히 할 수 있었습니다. 그리고 주인공 자리에 믿고 맡기면 된다는 확고한 믿음이 있었기에 희망의 끈을 놓지 않았습니다. 자식과 형제, 친구들, 모두가 서울에 있는 큰 병원으로 가서 다시 검사를 받아 보라고 했지만, 우리는 확신과 믿음이 있었습니다. 이번 경계가 믿음을 확고히 하는 기회이며, 이 기회에 믿음을 더욱 다지고 가지 않으면 안 된다고 다짐하고 또 다짐했습니다.

의사는 퇴원하는 아내에게 진통제와 소화제 등의 약을 한아름 처방해 주면서, 진통이 오면 바로 병원으로 와서 치료를 받아야 한다고 신신당부하였습니다. 췌장암은 다른 어떤 암보다 진통이 심하다고 했습니다. 그러나 아내에게 진통은 오지 않았습니다. 옻독이 올라 온몸에서 뿜어 내던 열기도 점점 식었고, 부었던 얼굴도 정상으로 돌아오고 있었습니다.

조금씩 식사도 하게 되었고, 여러 가지 자연식을 먹으며 기운을 차리게 되었습니다. 가슴에 《한마음요전》과 《뜻으로 푼 천수경》을 꼭 안고서 잠들어 있는 아내를 볼 때마다 너무나 애처로웠지만, '그래! 주인공만 믿으면 살 수 있어.' 하고 용기를 냈습니다.

2월 셋째 주 일요일, 지원장스님과 함께 안양으로 갔습니다. 용기와 희망을 주시는 주지스님 말씀에 힘을 얻고 다시 전주로 내려왔습니다.

그날 밤 지원장스님께서 전화로 "큰스님께 말씀드리니 '암이 없다'고 하셨다."라고 전해 주셨습니다. 그 순간 우리 부부는 부둥켜안고 한없이 기쁨의 눈물을 흘렸습니다. '우리 공부가 헛것이 아니었구나. 만약 병원 쪽 말만 믿고 항암 치료를 받았다면 어떻게 되었을까? 주인공을 믿고 모든 것을 맡길 수 있었던 확고한 믿음이 살렸구나.' 하고 주인공과 큰스님께 감사하고 또 감사했습니다.

공부를 열심히 하면 할수록 더욱 크게 다가오는 경계를 느낍니다. 이번 일로 지금까지 별 어려움 없이 비교적 건강하고 평탄하게 살아오면서 알지 못했던 병자들의 아픔도 알게 되었고, 죽음 앞에서 남는 건 '주인공과 가르침뿐'이라는 것도 절실히 깨닫게 되었습니다.

저희 부부는 앞으로 어떠한 경계가 닥친다 해도 오직 주인공을 믿고 주인공에 맡기는 공부를 하면서 실천하는 삶을 살려고 합니다. 지금 아내는 충격에서 벗어나 점점 건강을 회복하고 있습니다. 그동안 간절히 마음 내 주신 스님들과 도반들에게 다시 한 번 감사 드립니다.

51호 · 2010년

내 속의 참스승

정달만 | 부산지원

한마음선원에 인연 닿은 지 6, 7년이 되어 갑니다. 불연이 깊어서 인지 어려서부터 부모님을 따라 절에 가는 것을 좋아했고, 절에 갈 때마다 절집 풍경이 낯설지 않았습니다. 철이 들면서부터는 혼자서도 자주 절을 찾곤 하였는데, 커 가면서 이것저것 궁금한 것과 이해할 수 없는 것들이 점차 많아졌습니다. 불교 서적을 읽으며 나름대로 불교 철학을 섭렵해 보려고 하였지만, 마음 한구석에는 제대로 정립되지 않은 잡다한 불교 이론과 신행 생활이 뒤섞여 고통스러운 나날을 보내야 했습니다.

어느 날 아내가 《한마음요전》을 빌려 와 밤새워 읽는 것을 보고 호기심이 발동하여 읽어 보았는데, 마지막 책장을 덮을 때까지 손을 뗄 수가 없었습니다. 지금까지 살아오면서 가슴속에 품어 왔던 의문의 해답이 그 안에 모두 들어 있었습니다. 읽는 구절마다 새록 새록 가슴을 파고들며 응어리져 있던 한恨 덩어리가 씻겨 나가는 느낌이었습니다. 이후 저와 아내는 부산지원에 다니며 본격적인 마음 공부를 시작하게 되었습니다. 물고기가 물을 만난 듯, 저희 부부는 큰스님의 법문에 흠뻑 빠져들었고 용맹 정진하여 일취월장하는 것 같았습니다.

하지만 기쁨도 잠시, 뜨겁던 열정이 차츰 식자 엉뚱한 회의감이 물밀 듯 밀려왔습니다. '대행 스님의 말씀이 정말 옳은 거야? 그렇게 도력이 높고 유명한 스님이라면 내가 왜 지금까지 몰랐을까? 그분의 말씀이 혹여 말잔치에 지나지 않는 게 아닐까?'라는 의문이 꼬리에 꼬리를 물고 일어났습니다. 그래서 직접 체험하기 전에는 전적으로 다 믿을 수 없다 여기고, 스님의 말씀에 하나씩 의증을 내어 과연 옳은지 어떤지 부딪쳐 봐야겠다고 마음먹게 되었습니다.

수많은 시행착오 끝에 무릎이 깨지고 온몸을 다치고서야 스님께서 말씀하신 그대로가 모두 진리임을 알게 되었습니다. 그러자 그동안 해 온 공부 방법이 다람쥐 쳇바퀴 도는 것처럼 괜한 헛고생이었다는 생각이 들었고, 짧은 지식으로 스님의 큰 가르침을 일일이 요달해 나간다는 것도 가당치 않은 일이라 여겨졌습니다. 특히 지금까지의 수행 결과를 종합해서 검토한 결과, 어느 것 하나 틀린 가르침이 없다는 사실을 깨닫게 되었습니다. 그 뒤부터는 스님의 말씀을 바로 믿고 들어갈 수 있었습니다. 비록 많은 시간을 지체했지만, 이런 공부 과정은 스님의 가르침에 대해 한 치의 의심도 없이 확고한 믿음을 다질 수 있는 토대가 되어 주었습니다. 그렇게 스님의 말씀을 곧바로 믿고 들어가니 크고 작은 기연奇緣들을 수없이 체험할 수 있었고, 더욱 신심을 다져 가며 열심히 수행 정진할 수 있었습니다.

하지만 주인공에 대한 신심이 나날이 깊어 가면서도 조금만 방심하면 업과 습의 장난에 속아 크고 작은 삶의 애고에 부딪혀 방황하였습니다. 그때마다 심하게 자책하기도 하지만, 또다시 마음을 다져 먹으며 주인공을 붙잡고 본래 자리를 되찾으려는 숨바꼭질을 지금도 수백 번, 수천 번 되풀이하고 있습니다.

의증의 습관은 여전하여, 스님의 법문을 듣거나 《한마음요전》을 읽다가 궁금하고 이해가 되지 않는 부분이 있으면 그 의미를 바로 알기 위해 참구하게 됩니다. 허구한 날 스님이 해 주시는 법반을 그저 얻어만 먹으려고 할 게 아니라, 이제부터는 스스로 밥을 지어 먹어야 할 때도 되었다는 생각을 하게 되었습니다. 그래서 의증이 일어날 때마다 '큰스님이 말씀하셨잖아! 의증을 일으키는 놈도, 그 답을 알려고 하는 놈도, 더구나 그 답을 알고 있는 놈도 모두 하나이니 몽땅 그놈에게 한번 맡겨 봐!'라고 되뇌며 일체를 주인공 자리에

다 믿고 맡기는 태도를 견지하게 되었습니다. 그랬더니 주인공은 마침내 훌륭한 스승이자 도반이 되어 주었습니다. 그간 주인공으로부터 참으로 많은 이끎을 받았는데, 특히 기억에 오래 남아 있는 두 가지만 말씀드리려고 합니다.

스님께서는 "일체가 둘이 아니니 둘로 보지 말라.", "현재의 콩씨 속에는 과거의 콩씨와 미래의 콩씨가 모두 들어 있다."라고 말씀하셨지만 저는 그 의미를 제대로 이해할 수 없었습니다. 제대로 이해시켜 달라고 주인공에 매달려 관하게 되었습니다.

어느 날 길을 가던 중 조그만 조약돌 하나가 발길에 채였습니다. 책장 지지대로 사용하면 좋을 것 같아서 호주머니에 넣고 집으로 돌아왔습니다. 깨끗이 씻어 만지작거리다 보니 손 기름이 묻어 반들반들 윤이 나서 어느덧 애지중지하게 되었습니다.

하루는 조약돌을 들고 유심히 보다가 문득 그 돌의 전생이 궁금해졌습니다. 작은 조약돌은 자기보다 큰 돌덩어리에서, 큰 돌덩어리는 그보다 더 큰 바위에서, 그 바위는 또 산에서 떨어져 나왔을 터였습니다. 산은 지구의 한 부분과 연결되어 있으니 그렇다면 조약돌의 전생은 결국 지구 땅덩어리구나 하는 데까지 생각이 이르렀습니다. 그다음에는 생각의 방향을 바꾸어 조약돌의 내생, 즉 미래를 더듬어 보았습니다. 이놈이 쪼개지면 자갈이 될 터이고, 더 작게

쪼개지면 모래나 흙으로 변할 것이며, 더 으스러져서 흙먼지가 될 정도가 되면 물보다 비중이 가벼워져 물에 둥둥 떠서 바다로 떠내려갈 것입니다. 그 흙먼지 알갱이가 바다에 다다르면 결국 바다 밑바닥에 가라앉을 것이 분명했습니다. 그렇다면 어찌하여 가장 작은 흙먼지 알갱이와 가장 큰 지구 땅덩어리가 둘이 아니고 하나인가? 여기서 또 생각이 막혔습니다. 그래서 주인공에게 다시 관했습니다. '주인공! 큰스님께서는 일체가 둘이 아니라고 말씀하셨어. 나는 이 조약돌로 그 말씀의 진의를 확실히 알고 싶어. 쉽게 가르쳐 줘!'

  며칠 뒤, 식사 중에 사기 접시 하나가 바닥으로 떨어져 박살이 났습니다. 그 순간 깨달았습니다. '맞다! 바로 그거야! 불이 있기 때문이야.' 흙을 손으로 빚어 그릇 모양을 만들고, 그것을 가마 속에 넣어 2,000℃ 이상의 열을 가하면 흙 알갱이들이 녹아 하나로 되었다가 식은 다음 단단히 굳어져 접시가 됩니다. 이처럼 바닷속에 가라앉았던 흙 알갱이들도 지구 중심의 높은 열을 받아 용암으로 분출되었다가 식어서 산이 되고 바위가 되었던 것입니다. '지구 땅덩어리, 산, 바위, 큰 돌멩이, 조약돌, 자갈, 모래, 흙, 흙먼지에 이르기까지 모습은 제각각이지만 그것 모두 일체가 하나'라는 도리, 그리고 '만물은 항상 고정되어 존재하는 것이 아니라 끊임없이 유전하고 변하고 있다'는 사실을 접시가 깨지는 것을 보고서야 실감하게 되었습니다. 게다가 '콩씨 속에 삼세가 함께하는 도리'와 '자식이 부모

되고 부모가 자식이 되는 도리' 등 한 넝쿨의 줄기를 끌어당기면 수많은 고구마가 딸려 나오듯, 스님의 수많은 법문들이 하나로 꿰어져 주르르 이해되었습니다.

두 번째 체험은 《한마음요전》 수행편 〈죽어야 보리라〉 항목 중 "세 번을 죽어야 도를 이룬다."라는 구절에 대한 깨우침이었습니다. "죽어야 도를 이룬다."라는 말씀은 제 생각으로는 논리적 모순의 극치였습니다. 죽으면 그뿐인데 어찌하여 스님께서는 내가 죽어야, 그것도 세 번이나 죽어야 도를 이룬다고 말씀하시는가? 그 의문이 잠시도 머리를 떠나지 않았습니다. 처음에는 사량으로 이 의중을 풀어 보고자 온갖 머리를 다 짜내어 보았지만, 생에 대한 집착을 버림으로써 오히려 살 수 있다는 정도의 피상적인 관념으로만 인식될 뿐 말씀의 진의를 제대로 간파할 수 없었습니다. 그래서 결국 주인공에 또 관하기로 했습니다. '주인공! 스님께서 왜 세 번 죽어야 도를 이룬다고 말씀하셨는가? 너는 분명히 알고 있을 터이지! 그렇다면 생생하게 살아 있는 감동으로, 실감나게 그 의미를 체득시켜 줘!' 그러고는 한동안 잊고 있었습니다.

한 사나흘쯤 지났을 때였습니다. 꿈을 꾸었는데, 무시무시한 독사지옥에 떨어져 있었습니다. 온갖 종류의 독사들이 가득 차 있어서 무섭고 두려워 단 한 발자국도 움직일 수가 없었습니다. 꿈속이라지만 그때의 공포심이란 이루 말로 표현할 수 없을 정도였습니다. 아무 방법도 생각이 나질 않고 그저 정신이 아득하기만 했습니다. 급기야 공포심이 극한에 이르자 오기가 일어나더군요. '오냐! 이래 죽으나 저래 죽으나 어차피 한 번은 죽어야 할 몸뚱이가 아니더냐! 그래, 뱀들아! 나를 물려면 물어 보거라.' 하고 체념하며 그 자리에 벌렁 누워 버렸습니다. 그 순간, 이상하게도 공포심이 싹 사라졌습니다. 꿈속에서도 관을 하고 있었습니다. '주인공! 조금 전까지 느꼈던 극심한 공포는 어디로 갔느냐? 무엇이 공포심을 일으켜 고통 속으로 내몰다가 왜 갑자기 사라졌느냐?' 주인공이 되묻더군요. '공포를 느낀 것도 너고, 지금 공포를 느끼지 않는 것도 너잖아! 그러니 네가 느낀 감정을 한번 말해 봐!' 그래서 저는 대답했습니다. '나는 사람이고 저들은 뱀이니까, 내가 저들에게 물리면 그 독에 의해 죽게 된다는 분별 의식이 있었어. 육신에 대한 집착이 작용했기 때문이지. 그런데 살아야겠다는 생각을 놓아 버리니까 그 공포심도 사라진 것이 아니냐?' 꿈속에서 다시 주인공이 말했습니다. '그래. 바로 그거야! 너는 지금 헛된 분별 의식과 집착에 사로잡혀 본시 존재하지 않는 두려움이란 허상에 끄달려서 공포를 느꼈던 거야. 그러한 중생심을 벗어 버리고 주인공 자리에서 보면 너와 뱀은 단지 겉모습만 다를 뿐이지 둘이 아니야. 저 뱀들 좀 봐! 자기들끼리는 전혀 무서워하지 않고 느긋하게 즐기고 있잖아. 저것은 뱀들의 극락이야. 그러니 뱀의 마음과 네 마음을 하나로 합쳐 공심共心이 되어 봐! 그러면 너는 독사들과도 친구가 될 수 있어. 지금까지 그 무섭고 고통스러웠던 지옥의 공포가 극락의 환희로 변하게 될 거야.'

결국 스님께서 "세 번 죽어야 나를 보리라." 하신 말씀은 내 손으로 내 목을 칼로 치라는 것이 아니었습니다. 둘로 보는 분별심과 집착의 허상을 제대로 알고 그러한 중생심을 완전히 버려서 공심·공체 하라는 뜻, 그렇게 일체 만물과 공생共生하라는 의미였습니다. 중생인 내가 죽어야 부처가 산다는 뜻이고, 지옥과 극락은 둘이 아니라 오직 내 한생각에 달려 있다는 심오한 가르침이었습니다.

저는 이렇게 공부하면서 의증이 날 때마다 관하고, 또 그에 대한 가르침을 주인공으로부터 하나하나 배워 가며 나름대로 해결해 가고 있습니다. 공부를 하면 할수록 의증은 더 늘어나 모르는 것이 수미산만큼 높이 쌓여 가는 느낌입니다. 하지만 이제 걱정하지 않습니다. 왜냐하면 다양한 모습으로 나투면서 많은 것을 가르쳐 주는 내 속의 참스승이 있기 때문입니다.

1호 · 2002년

탤런트로 사는 한 철

박정의 | 본원

여섯 번째 맞는 하안거. 무명을 일깨우는 죽비 소리와 함께 마음을 한곳에 모으고 내면으로 들어갔다. '주인공, 너만이 네가 있다는 것을 증명할 수 있어.' 하고 깊고 간절하게 매달리길 한 달여. 선원을 오가는 전철 안에서나 집안일을 할 때도 늘 갈구하는 마음에는 아랑곳없이 그 자리에서는 깜깜무소식인 가운데, 무더운 여름이 하루하루 지나고 있었다. 이렇게 여름 안거가 끝나는 것은 아닐까 초조해지는 마음에, '안 되지. 이번 안거에는 내가 어디서 와서 어디로 가는지 정도는 기필코 알아야겠어.'라며 마음을 다잡았다.

'전생에 지어 놓은 것이 없어서인가, 내 속으로 낳은 자식이 아니기 때문일까?' 넉넉지 못한 생활에 서른네 살 된 아들과 사사건건 부딪칠 때마다 올라오는 생각이었다. 아들은 어릴 때 뇌막염을 심하게 앓아서 한 달에 한두 번씩 간질 발작을 일으켰고, 자기 의견은 무조건 관철시키려고 고집을 부려 내 가슴은 매번 불이 났다. 모래알처럼 서걱거리는 밥을 입에 밀어 넣고 씹는 것처럼 고통스러운 날들이었다. '전생에 무슨 죄를 지어 저런 인연을 만났을까.' 망연자실할 즈음, 박복한 나에게도 한마음 도리를 만나는 계기가 찾아왔다.

못나고 부족한 나에게도 무량광의 보배, 주인공이 있다는 것을 일깨워 주신 큰스님을 생각만 해도 감사의 눈물이 한없이 흐른다. 누구나 친목계나 동창 모임 하나둘 나가지 않는 사람 없으련만, 나는 나갈 모임 하나 없었다. 그러다 한마음 도리를 만나고부터는 가슴 아픈 일이 있을 때마다 선원과 집을 오가며 주인공을 붙들고 울었다.

그렇게 몇 해를 보냈던가. 이제는 큰스님이 계시는 선원에 들어서기만 해도 어릴 적 살던 고향처럼 편안하고 안온한 마음이 든다. 더구나 이렇게 안거에 동참할 수 있으니 오직 감사할 따름이다.

'올 하안거 중에는 꼭 알아야겠어. 이 못난 인생이 어디서 와서 어디로 가는가.' 밤낮으로 졸라 댔지만 아무 소식도 없었다. '오늘 저녁이 다짐을 한 마지막 날이야.' 하고 애절한 마음으로 매달렸지만 그날도 마찬가지로 감감무소식이었다. 마침 중복 날이어서 안거

후에 동생네 식구들을 만나 저녁을 먹고 집에 들어와 깜박 잠이 들었다.

꿈에 우리 집이 보였다. 집은 작은데 울타리 없는 마당은 끝이 보이지 않았다. 운동장같이 넓은 마당에 유동근, 최불암, 고두심 등 유명한 탤런트들이 가득 모여 있었다. 대접할 것이 없어서 음료수를 여러 병 사다가 나누어 드리는데, 고두심 씨가 나를 위해 옷을 한 벌 해 왔다고 했다. 그 옷을 받아 드는데 깨어 보니 꿈이었다. 어찌나 생생하고 실감나는지 현실처럼 느껴졌다. '그래, 맞아. 우리 인생도 탤런트로 사는 한 철이야. 주인공, 감사해!' 마음으로 기한을 정한 날, 꿈을 통해서라도 역력히 보여 주는 주인공의 자비에 하염없이 눈물이 흘렀다.

2년 전쯤에도 주인공을 확인하고 싶어서 '주인공, 네가 있다면 증명할 수 있잖아.' 하며 하루해가 어떻게 지났는지 모를 만큼 밤낮으로 매달리며 관했다. 하루는 꿈에서 큰스님을 위해 지팡이를 만들어 드려야겠다는 생각이 들어서 세 개를 잘 다듬어 스님께 올렸다. 그런데 이미 가볍고 반짝반짝 빛나는 지팡이를 가지고 계셨던 스님께서는 내가 올린 지팡이 중 한 개를 골라 돌려주시며 말씀하셨다. "나는 지팡이가 있으니 네가 이걸 가져라." 스님께서 건네주시는 지팡이를 받으며 꿈에서 깨어나 얼마나 감사했는지 모른다. 못난 나에게도 주장자를 쥐여 주신 주인공의 자비에 한없이 울었다.

그리고 아들이 점차 밝아지는 것을 보면서 주인공을 확실히 믿게 되었다. 잊어버릴 만하면 재발하는 간질병이 씻은 듯이 없어지고, 직장에서도 인정받고 부모 마음까지 편안하게 해 주는 너무너무 착한 아들로 변한 것이었다. '그래, 너로 인해 엄마 마음도 조금씩 둥글어지니 네가 바로 내 스승이구나.'

이 모든 기적 같은 일에 감사하며, 가슴을 울리는 선법가를 마음으로 불러 본다.

5호 · 2002년

선물

키르스틴 | 독일지원

저녁 노을이 구름을 곱게 물들이고 있었다. 합창 연습에 가려고 요나스, 승일, 승호 세 아이를 차에 태우고 들판을 지나 선원으로 향했다. 큰스님의 법문 테이프를 아이들이 조용히 귀 기울여 듣고 있었다. 스님의 에너지를 깊이 느끼는 듯했다. "이 테이프, 너무너무 좋아요." 승호가 말했다. 아이는 선원에 도착하자마자 잔디밭 도량 탑으로 뛰어가서 사천왕상의 표정을 흉내 냈다. 아이들은 어디에서 왔을까? 누구였을까? 이제 다섯 살이 된 요나스와 승일이는 아주 오랜 친구 같다. 두 아이는 서로 떨어져 있으면 몹시 그리워한다.

집으로 돌아오는 길에 요나스가 큰스님 건강 상태를 아무 이유도 없이 갑작스럽게 물었다. 부처님오신날 전, 스님이 많이 편찮으셨다고 말해 주었다. 요나스의 표정에 스님에 대한 사랑과 걱정이 가득하다. 그런 아이들을 볼 때마다 나는 깜짝 놀라곤 한다. 이들과 함께할 수 있는 것에 대해 매일 감사드린다.

　몇 주 있으면 마음의 고향, 한국에 간다. 안에서 기쁨이 넘친다. 독일지원 도반들과 함께 합창 연습을 하면서 마음의 문이 활짝 열렸다. 선법가에 담겨 있는 에너지가 우리 몸 세포 하나하나를 빛으로 채운다. 잠을 잘 때도 이 에너지를 느낀다. 우리가 변해 간다. 정원에서 일을 하면서 눈에 띄는 식물, 이름 모를 풀들, 꽃, 나무, 작은 곤충들을 위해 선법가를 불러 준다. 법의 노래, 선법가는 큰스님께서 우리에게 주신 선물이다.

　한국에서 열리는 한마음 합창제에 우리가 함께한다는 소식을 올봄에 처음 알았을 때는 풀 수 없는 숙제를 받은 느낌이었다. 화진 법우의 합창 지도에 따라, 우리들은 마치 유치원생처럼 손에 손을 잡고 한 걸음 한 걸음 앞으로 나아갔다. 어떤 때는 웃고 어떤 때는 울며, 이것이 우리를 벗어나게 하는 길이라는 것을 느꼈다. 때로는 해낼 수 없다는 절망감에 빠지기도 했다. 그러면 걱정이 몸 안에 저장되어 제대로 소리가 나오지 않았다. 그 장애물을 우리는 부처님 전에 맡기고 다시 노래했다.

　'내가 나라고 생각하고 있는 그것이 나인가?' 마음속 깊은 곳에서 의문이 올라왔다. 이 길을 걸으며 이상이 녹아 갔다. 나는 원래 노래를 못한다고 생각했는데, 그 마음을 내려놓고 숨에 길을 터 주니 법당을 울리는 우렁찬 소리가 났다. '주인공, 네가 노래해. 주인공, 너를 담는 그릇이 되도록 해. 내가 노래하고 우리가 함께 노래하지.' 모두의 소리와 하나 되어 나를 놓으면 화음이, 숨이 자연스럽게 흘렀다. 가슴이 따뜻해지고 점점 커져서 서로서로 마주 보면 기쁨이 용솟음쳤다. 그렇게 합창 연습을 통해 우리들은 점점 하나가 되어 갔다.

지난 겨울, "마음을 모아라"가 정진의 주제였다. 수개월 동안 합창 연습을 하면서 우리는 이 주제를 실천한 셈이었다. 이 모든 노력이 불사의 일부라 느껴졌다. 11월 합창제 때 세종문화회관 무대에서 선법가를 부르는 진짜 의미를 나로서는 가늠해 보기 어렵다. 다만 합창제에 참석하는 우리 모두가 보이는 세계, 보이지 않는 세계를 함께 벗어나는 기회가 되리라는 것을 짐작해 볼 뿐이다.

우리가 마음을 모아 진심으로 노래하면 하늘의 문이 열리고, 우리의 마음이 하나하나 법당이 되어 안으로 자유롭게 드나들게 될 것이다. 그것은 우리 자신을 위한 것이고, 모든 생명들을 위한 것이며, 조상들을 위한 것이다. 우리는 하나다. 우리는 마음에 가득 찬 오물과 독을 비워 내고, 우리를 뿌리에서 분리시키는 온갖 오해에서 벗어나려는 깊은 원력을 품고 동서양 곳곳에서 저마다 태어났다. 그리고 이번 생에 이곳에 모여 하나가 되었다.

안양 본원에서 오신 지휘자 선생님이 독일지원을 방문했다. 그분과 함께 주말 내내 합창 연습을 하며 우리는 많이 발전했다. 그분은 마음 저 깊은 곳에서 소리가 울려 나올 때, 그것이 어떤 힘을 가지고 있는지 여실히 보여 주었다. 선생님을 통해 우리는 깊은 감명을 받았다.

요즘 하늘을 쳐다보면 훨훨 날 것 같은 기분이 든다. 이렇게 자유로운 느낌을 가져본 적이 내 평생 없었던 것 같다. 이 모든 것이 부처님께서 우리에게 내리신 선물 같다.

18호 · 2004년

04

세상 속의 공부

달리는 트럭 법당

고 려 | 본원

4년 전, 운전을 하다가 신호 대기 중 느닷없이 떠오른 생각 하나. '왜 내가 이 세상의 주인공일 것 같은 생각이 들지? 내가 주인공이라면 이 세상엔 왜 왔지? 내가 정말로 이 세상의 주인공일까? 왜 내가 세상의 중심인 것 같다는 생각이 드는 걸까?'

그로부터 며칠 뒤, 지인을 통해 대행 큰스님의《삶은 고가 아니다》라는 책을 보게 되었습니다. 스무 장 남짓 읽었을 때 어려서부터 장래에 대한 희망이나 꿈 같은 것이 없이 살아온 제가 무엇을 찾고 있었는지 깨닫게 되었고, 이렇게 쉬운 것이었나 싶은 생각에 황당하기까지 했습니다. 그리고 그 책을 읽을 때마다 어찌나 좋던지 저도 모르게 아리랑을 부르며 너울너울 춤을 추게 되었습니다. 내가 미쳤나 싶은 생각도 들었지만 노래와 춤은 멈추어지지 않았습니다.

그 후 아내의 가출과 이혼으로 어린 두 아이를 홀로 키우며 살게 되었습니다. 아이들을 맡길 곳조차 없어서 물건을 싣고 다니던 소형 화물차 뒤에 이불을 깔아 아이들을 재우고, 새벽까지 장사를 하며 지내야 했습니다. 먹고사는 것에 급급해 생각할 겨를조차 없었고, 모두 죽이고 싶은 생각뿐이던 시절…. 그런 와중에 《한마음요전》을 구해 읽고 공부를 시작했습니다.

당시 손목에 통증이 심했는데, 운전 도중 주인공이 떠올랐습니다. '그래, 나도 맛이나 한번 보자. 네가 모든 것을 들이고 내는 존재라면 손목을 아프지 않게 해 보렴.' 하고 손목을 슬며시 만졌는데, 그 순간 통증이 사라졌습니다. 짧게는 2~3개월, 길게는 6개월 이상 아프고 나서야 사라지던 통증이 한순간에 치유된 것입니다. 공부를 시작한 지 며칠 되지도 않았던 때라 어리둥절했습니다. 그 후로, 봄만 되면 한 달 넘게 심한 몸살을 앓게 하던 꽃가루 알레르기도 완치되어 지금까지 재발이 없습니다.

하루는 유치원에 입학한 작은아이의 한쪽 눈에 흰자위가 진갈색으로 변하는 눈병이 생겼습니다. 관을 하면 나아지는 듯하다가 다시 심해지기를 반복하더니, 어느 날 겁이 덜컥 날만큼 심해졌습니다. 병원에 갈까 하다가 순간, 아차 싶더라구요. 오기도 생기구요. '주인공! 내일 아침까지 상태가 심해지거나 그대로면 병원에 가라는 신호로 알 테니 아이의 눈을 낫게 하든지 너 알아서 해!' 하고 아이를 재웠습니다. 그때만 해도 아내가 집을 나간 지 두어 달밖에 안된 터라, 아이를 끌어안고 목 놓아 울고 싶었지만 그럴 수는 없었습니다. 주인공을 믿는다, 못 믿는다 할 겨를도 없이 그렇게 마음을 내고 잠이 들었습니다. 다음 날 아침, 아이의 눈은 거짓말처럼 맑은 눈이 되어 있었습니다.

하루는 아이들을 옆자리에 태우고 물건을 배달하던 중이었습니다. 비가 오는 한밤중이었는데 작은아이가 뜬금없이 달이 보고 싶다고 했습니다. 이런저런 생각 없이 '주인공, 아이가 달이 보고 싶단다.' 하고 가는데 3분이 채 지나지 않아 달이 보이는 것이었습니다. 비가 그렇게 내리는데도 선명하고 둥근 달이 '나를 보고 싶다고 했니?' 하듯이 떠올랐습니다.

내 배가 부르면 아이들 배고픈 걸 모를까 봐 작은아이가 먹는 만큼만 먹으며 살아 내기를 3년. 장사가 잘 안되어 결국 빚더미에 올라앉았고, 당장 몇백만 원을 막아야 하는데 구할 길이 없어 부도가날 위기를 매달 몇 차례씩 겪었습니다. 그때마다 주인공에 맡기고 관을 했는데, 지나고 보면 위기를 또 넘기고 있었습니다. 지금도 그 많은 돈들이 어디서 생겼는지 기억조차 나지 않을 만큼 불가사의한 방법으로 문제들이 해결되었습니다. 다만 아이의 눈이 아팠을 때 주인공에 일임하고 각오를 했던 것처럼, 돈에 대한 애착은 제대로 놓지를 못했던 것 같습니다. 공부를 시작한 지 사 년여 지난 지금도 빚에 눌려 있긴 하지만, 반복되는 위기 속에서도 이제는 제법 두려움 없이 결제일을 맞습니다.

그래도 가끔은 암울하고 두렵고 화가 나면 주인공에게 욕을 퍼붓기도 합니다. 그러다가 답을 얻기도 하는데, 그러면 욕을 한 것이 마음에 남아서 걸릴 때가 있습니다. 하지만 그럴 때마다 스님께서는 법문을 통해 또다시 저를 일으켜 주십니다. "욕도 할 수 있죠. 하지만 욕도 그놈이 있다는 걸 믿으니까 하는 거지요."

중생의 마음으로 어찌 큰스님의 은덕을 가늠할 수 있겠습니까마는, 반드시 스님의 가르침을 공부하는 제자가 되어 크신 은혜에 조금이나마 보답할 수 있기를 발원합니다. '주인공! 지금까지 보고 듣고 배워서 알고 있는 모든 걸 실천할 수 있게 해! 실천할 수 있게 해!'

38호 · 2008년

주인공과 맞장 뜨다

김홍식 | 울산지원

    합창 연습이 있는 날이다. 평소 연습 시간에 늦는 편인데 오늘은 일이 일찍 끝나 시간이 남았다. 연습 전에 정진이라도 해야겠다 싶어 이른 저녁 시간, 선원에 도착했다. 맞은편에서 종무소 보살님이 축하한다며 미소 띤 얼굴로 합장을 했다. "아, 네에⋯." 얼떨결에 답례를 하긴 했지만 당황스러웠다. 아마 스님께서 담선 중에 내 얘기를 하셨나 보다. 선원을 다닌 지 20년 만에야 주인공 체험을 하게 되었다고 회자되다니⋯. 한여름 미풍이 부끄러워 달아오른 뺨을 톡톡 친다.

    어려서부터 정신세계에 관심이 많아서 대학 때 나름대로 명상 수행도 했었다. 아내도 그때 만나 수행의 동반자로 살아가게 되었으

160

나, 회사 생활과 가정일에만 신경을 쓰다 보니 어느덧 보통의 생활인이 되어 있었다. 그러다 결혼 초 아내가 가져온 큰스님에 관한 책자를 읽어 보니 흡사 부처님의 생애를 보는 듯 감동이 느껴졌다. 평소 수행이란 홀로 하는 것이고 종교가 오히려 방해가 된다는 생각을 하고 있었는데, 스스로 깨달음을 이루신 스님이 대단해 보였다. 종교에 얽매이고 싶지 않았지만, 불교는 종교의 테두리를 벗어난 진리라는 스님의 법문을 읽고 한마음선원 신도가 되었다.

초창기에는 신행 활동도 열심히 하고 선원의 여러 행사에도 빠짐없이 참여하려고 노력했다. 그러면서 같은 길을 가는 도반들과 이끌어 주시는 스님들의 소중함을 알게 되었다. 신행회 법회가 끝나고도 마음 맞는 도반들과 밤늦도록 이야기꽃을 피우면서 선원 생활에 재미를 붙여 갔다. 그러는 가운데 마음이 많이 둥글어지고, 가정생활도 큰 어려움 없이 굴러갔다. 그러나 남들이 겪는 병고나 큰 위기를 겪지 않고 살아와서 그런지, 주인공에 대한 절절한 체험은 없었다. 그럭저럭 20년 세월을 보내면서 공부에 별 진전이 없는 것 같아 '내가 진짜 큰스님의 제자로서 도리를 다하고 있나.'라는 생각에 몇 년 동안 계속 괴로웠다. 다른 분들의 신행담을 읽을 때나 주위 도반들이 치열하게 공부하며 주인공과 감응하는 이야기들을 듣고 찬탄하면서도, 정작 나는 그런 체험이 없으니 마음공부에 진전이 없는 것처럼 느껴진 것이다.

어쩌면 체험이 전혀 없었다기보다는 생활에서 경험하는 소소한 주인공의 나툼을 대단치 않게 여겼던 것 같다. 체험이란 뭔가 더 크고 대단한 것이어야 한다고 기대해 왔던 것이다. 절실한 마음 없이 관하고는 불쑥 올라오는 생각들을 주인공의 응답이라 생각한 적도 많았다. 무엇보다 주인공이 모든 것을 다 한다는 믿음이 부족해서 이 길을 계속 가야 하는지 의문이 들었다. 그래서 종종 농담 삼아 이번에 한번 열심히 관법 공부를 해 보고, 아니다 싶으면 다른 길을 찾겠다고 이야기하곤 했다.

그러던 차에 작년 한 해 동안 크고 작은 문제들이 끊임없이 일어났다. 나름대로 관한다고 했지만 내면에 확고한 주장자가 없으니, 문제를 해결하기는커녕 끌려다니기만 했던 것 같다. 운영하던 학원이 작년 말부터 여러 가지 사정으로 어려워져 올해 2월경에는 인수받을 사람을 물색해야 했다. 하지만 전반적으로 학원 시장이 위축되어 마땅한 사람을 찾는 게 쉽지 않았다. 부동산에도 내놓고 여러 매체에 광고도 했지만 문의하는 사람마저 뜸했다.

그런데 3개월이 지난 후, 건물 주인이 다른 사람에게 건물을 팔았다고 연락이 왔다. 새 주인에게 한 달 뒤에 나가겠다고 했더니, 학원 시설을 모두 철거하고 원래 상태로 복구해 놓아야만 전세 보증금을 주겠다고 했다. 법원 판례상으로는 들어올 때 상태 그대로 해 놓고 나가면 된다고 나와 있지만, 주인은 법은 모르겠다며 원상복구만을 주장했다. 철거 비용을 알아보니 천만 원 상당의 만만치 않은 액수였고, 법대로 하자니 너무 번거롭고 마음고생이 심할 것 같았다. 그래서 이번 기회에 주인공에게 모든 것을 맡겨 보자고 결심했다.

날짜를 정하여 기간 안에 해결되기를 관하면서 '만일 안 들어주면 이 공부는 끝이다!' 하고 독하게 마음을 먹었다. 대신 이번에는 진짜 간절한 마음으로 '주인공, 너만이 해결할 수 있잖아!' 하고 깨어 있는 매 순간 관했다. 심지어 꿈에서조차 주인공에 매달렸다. 처음에는 놓는 게 잘 안되고, 초조한 마음에 의식적으로 주인공을 찾으니 너무 힘들어서 저녁에 집에 오면 녹초가 될 정도였다. 그럴 때마다 큰스님의 법문이나 《한마음》 저널을 보면서 마음을 다졌다. 특히 다른 분들의 신행담을 읽으면서 '나라고 왜 못할까?'라는 분심도 생겼다.

처음부터 배운다는 생각으로 관하는 법을 되새겼다. 관법에 대한 큰스님의 법문을 체계적으로 정리한 혜자 스님의 강의를 몇 번이고 다시 보면서 요령을 익혔다. 우선 믿고 놓는 것부터 하라고 하셨는데, 믿는 것이 잘 안되니 놓고 지켜보는 것부터 해야겠다고 생각했다. 그렇게 하다 보니 관할 때 차츰차츰 마음이 한곳으로 모아지면서 초조하던 마음이 쉬어지기 시작했다. 아침에 일어난 직후와 잠

자리에 들기 전에 하는 좌선이 점차 즐거운 시간이 되었다.

스스로 약속한 날짜가 다가오고 있었지만 학원을 보러 오는 사람은 거의 없었다. 그러나 마음속에는 알지 못할 든든함이 생기기 시작했다. 그리고 신기하게도 내가 정했던 마지막 날, 주말인데도 불구하고 학원을 보고 간 사람에게서 연락이 왔다. 그리고 그날 저녁 바로 계약을 하게 되었다. 마침내 주인공이 나의 부름에 응답을 한 것이다! 이것으로 충분했다.

그 뒤 보증금을 온전히 돌려받았고, 건물주가 요구한 부동산 거래 수수료를 한 푼도 지불할 필요가 없게 일이 처리되었다. 학원의 비품들을 정리하는 과정에서도 '이 물건들이 필요한 사람에게 가게 해.'라고 관했더니 생각지도 못한 사람들이 사방에서 와서 가져갔다. 함이 없이 하라는 큰스님 말씀대로, 내가 한다는 생각이 쉬어질 정도로 모든 일들이 순조롭게 풀리는 것을 경험하면서 다시 한 번 주인공의 오묘한 나툼을 알게 되었다. 또한 앞으로 모든 것을 주인공에게 맡기고 살아갈 수 있는 믿음과 힘이 생겼다. 나의 주인공 공부는 지금부터다!

95호 · 2017년

못된 남자, 부드러운 남자

한기운 | 문경지원

선원에 나온 지 벌써 십 년이 넘었다. 큰스님과 인연이 닿아 마음 공부를 하게 된 지난날을 돌아보노라면 울컥 눈물이 솟는다. 성질 못된 내가 이제는 도반들에게 부드럽고 가정적이란 소리를 듣게 되었다. 나를 이렇게 바꿔 놓은 마음공부에 대한 감사함을 말로는 다 표현할 수가 없다.

어렸을 때부터 혼자 객지 생활을 했고 거의 고학으로 학교를 졸업했다. 그러다 보니 독립심이 강하다 할까, 고집이 셌다. 그리고 특전 하사 1기에 지원해서 4년의 군대 생활을 했다. 그때만 해도 특전 부대 출신은 성질을 부리고 다녀도 통하던 시절이라 내 성격은 더욱 거칠어졌다. 게다가 30년 전, 경찰에 들어온 후에는 그런 성격이 더 굳어졌다.

그런 내가 선원에 다니게 된 것은 아내 덕분이었다. 어느 날 아내가 대행 스님 법문이 담긴 카세트테이프를 주며 "아주 훌륭한 스님의 법문인데 차에 놓고 다니면서 들어 보세요."라고 말했다. 집에 있던 녹음기로 잠깐 들어 보니 여자 목소리가 나오길래 테이프를 툭 빼서 "당신이나 들어!" 하고 던져 버렸다. 다음엔 책을 갖다 주었지만 표지만 흘낏 보고 또 휙 던져 주며 "사이비에 빠져서 정신이 없군!" 하고 구박을 했다. 그런데도 아내는 포기하지 않았고, 나는 나대로 책을 처박아 두고 "내 할 일도 바빠!"라며 모른 척했다.

그해 겨울, 아들이 수능을 치렀다. 촌에 살지만 그래도 근방에선 명문고라는 데를 다니며 학년에서 일이 등을 놓치지 않던 아들은 수능도 거의 만점에 가까운 점수를 받았다. 그런데도 지원하는 대학마다 떨어졌다. "이놈아, 네가 높은 과에 지원하니까 그렇잖아! 지방대라도 쳐서 되면 가!" 하고 화를 냈다. 그런데 아무리 눈을 낮춰 지원을 해도 합격이 되지 않았다. 너무 황당해서 "뭐 이런 일이 다 있나?" 했는데, 아내는 애를 데리고 선원에 한번 가 보자고 성화를 부리기 시작했다. "주변에 널린 게 절인데 뭔 안양까지 간다고 야단이야!"라며 또 일축해 버렸다.

그러던 어느 날, 아내가 선원에 다니고 있던 경찰 공무원 사모님과 전화 통화를 하던 중 천도재를 올리는 것이 어떠냐고 하더라는 말을 전했다. 그분 이야기를 한번 들어 보라며 아내가 전화기를 내밀었을 때, 나는 다짜고짜 "여보쇼, 괜히 쓸데없이 바람 넣지 말고 당신들이나 잘하쇼!" 하고는 탁 끊어 버렸다. 그분은 지금도 나를 만나면 "대단한 순사 나리 오셨네!"라며 놀린다.

그런데 문제는 아내였다. 선원에 가서 꼭 천도재를 지내야겠다며 울고불고 밥도 안 먹고 난리가 났다. 달랠 방법이 없어서 아들과 아내를 데리고 안양 본원을 찾을 수밖에 없었다.

본원에서 받은 첫인상은 큰스님이나 법문이 아닌, 마당을 가득 메운 사람들이었다. 우리가 간 날은 수능 후라 날씨도 춥고 눈이 풀풀 날리고 있었다. 사람이 많아서 3층 법당엔 올라가 보지도 못했다. 마당에 설치된 모니터에 법문하시는 큰스님 모습이 나오고, 그걸 보기 위해 많은 사람들이 차가운 바닥에 스티로폼 방석을 깔고 앉아 있었다. 가만히 보니 넥타이를 맨 사람들도 머리에 눈을 허옇게 뒤집어쓰고 많이들 앉아 있었다. 처음에는 '미쳐도 단단히 미쳤지.'라고 생각했다. 그런데 법문을 하시고 질문자들에게 답변해 주시는 스님의 모습을 보면서 '멀쩡해 보이는 사람들이 이렇게 많이 모여 있다는 건 뭔가 있는 거다!' 하고 마음이 달라졌다. 그 후론 천도재를 꼭 지내자는 아내의 뜻에 더 이상 반대하지 않았다.

천도재를 지내고 나서 큰스님을 처음 뵙게 되었다. 스님은 한동안 나를 바라보시더니 "열심히 관하세요."라는 말씀만 해 주셨다.

그런 스님 앞에서 나는 입이 붙어 버려 한마디도 못하고 물러나왔다. 그 느낌은 말로 표현할 수가 없다. 그렇게 안양에서 돌아와 잠자리에 들 때까지 아무 말도 하지 못했다.

꿈을 꾸었다. 5층쯤 되는 아주 큰 건물 지하에서 울긋불긋한 관광버스들이 나오고 있었다. 그 앞은 사방으로 탁 터진 대로가 펼쳐져 있었고, 큰스님께서 교통정리를 하고 계셨다. 그런데 버스를 보니 맨 앞좌석에 돌아가신 아버지가 앉아 계셨다. 차 안은 만원인데 밖에서는 그 차에 타려고 몰려든 사람들로 바글바글했고, 스님이 "오라이, 오라이…." 하시며 신호를 보내자 버스는 큰길을 따라 달렸다. 버스가 떠나는 걸 보고는 잠이 깼는데 '아버지와 조상님들이 좋은 데로 가셨나 보다! 천도를 잘했구나!' 그런 생각이 들면서 마음이 아주 홀가분해졌다.

그 후부터 셋째 주 일요일이면 아내와 본원 법회에 다녔다. 경찰은 일요일이 따로 없는데 묘하게 시간이 되었고, 시간이 안 되면 휴가를 내서라도 동행했다. 처음에는 주인공 자리에 맡겨 놓으라는 말씀이 통 이해가 되지 않았다. 그래도 스님 말씀이 좋아서 심취해서 다녔다. 나중에는 스님 법문집을 읽고 공부하는 사람들과 동행하게 되었고, 문경지원이 개원한 후로는 법회에 더 자주 다닐 수 있게 되었다.

168

사실 문경 주변에는 신라 시대부터 이어져 내려온 고찰들이 많아서 부처님오신날 같은 행사 때나 어려운 일이 생기면 절에 다니곤 했다. 그러나 법당에 가서 부처님 앞에 절을 하고 소원을 비는 것이 다였다. 염불을 들어도 뜻은 몰랐고, 예불은 스님들이 하는 일로만 여기고 그냥 뒤에 서 있었으며, 유명한 스님들이 법문을 하시면 그런가 보다 하고는 휑하니 돌아오는 것이 전부였다. 그러니 내 스스로 수행을 한다거나 자기 속에 부처가 있어서 관하고 찾는다는 것은 생각도 못해 봤다.

　그런 면에서 스님의 말씀은 들을수록 새롭고 놀라운 것이었다. 《무無》라는 법어집을 처음 읽었고 다음에는 《한마음요전》을 읽었다. 매일 밤마다 읽어 가는 동안 차츰차츰 '관'이 무엇인지, "일체가 둘이 아니고 모든 것이 공하다."라고 하신 말씀이 무슨 뜻인지 조금씩 알 것 같았다.

　선원에 다니기 시작하면서 '생활이 바로 공부'라는 것을 알게 되었지만, 아들을 통해 많은 일을 겪으며 더 깊이 배우게 되었다. 천도재를 지내고 한 달이 지나면서 합격 통지서들이 날아들었다. 하지만 오직 목표한 대학교만 고집하던 아들은 재수를 선택했고, 다음 해에 합격을 했다.

　그런데 먼저 서울에서 대학을 다니고 있던 딸을 동생 집에 맡겨 둔 터라, 아들만 혼자 방을 얻어 보내려니 걱정이 되었다. 그러던 중, 직장 동료들이 문경 지역 대학생들을 위한 기숙사가 있다는 것을 알려 주었다. 경쟁률이 치열했지만 마음에 맡기니 대번에 들어가게 돼서 '아, 정말 이런 일도 있구나!' 싶었다. 감사했다.

그렇게 원만하게 학업을 마친 아들이 이번에는 대학원에 가겠다고 했다. 대학 등록금의 두 배가 넘는 학비를 감당할 자신이 없었다. 그런데 아들은 요지부동이었다. '다 주인공이 하는 거니까 거기서밖에 더 하겠느냐!' 하고 주인공에 맡겨 놓는 수밖에 없었다. 그건 정말 내가 어찌한다고 해서 될 일이 아니었다.

그러던 중, 우수한 인력을 양성하기 위해 학자금을 지원해 주는 BK21 사업에 아들이 선발되었다. 게다가 대기업에서 연구 과제를 주고 대학원에 자금을 지원해 주는 프로그램 덕에 용돈과 등록금이 해결되었다. 그렇게 석사과정 2년을 무사히 마친 아들은 "이렇게 남았습니다. 나중에 필요할 때 주세요." 하면서 오히려 내게 통장을 내 놓았다.

남은 것은 군대 문제였다. 병무청에서 통지는 계속 날아오는데 아들은 자꾸 입대를 미뤘다. 걱정이 되었지만 '주인공, 그것도 네가 알아서 해.' 하고 맡겨 놓았는데 또 길이 생겼다. 박사과정을 마치고 한 달 동안 기본 교육을 받은 뒤 산업체나 연구직에서 2년간 월급을 받으며 일할 수 있는 시험에 합격한 것이었다.

지나고 나니 간단하지만 한동안은 두 아이의 등록금을 대느라 힘에 부쳐서 속이 우당탕거렸다. '한 명씩 휴학을 시키고 떼어서 가르칠 수만 있어도 좋을 텐데….' 싶기도 했다. 그때 선원에 다니지 않고 예전의 못된 성질 그대로였다면 "쓸데없이 애들을 다 서울로 대학을 보내서 이렇게 나를 고생시키냐?"라며 아내를 많이 원망했을 것이다. 대학원에 진학하겠다는 아들의 뜻도 딱 잘랐을 것이다. 만약 그랬다면 어땠을까?

　　주인공을 믿고 공부했기에 이런 결과를 얻게 된 것이지, 내 생각대로 해서는 결코 일어날 수 없는 일이었다. 큰 스승이 계셔서 이 공부를 할 수 있었고, 스님들이 계셔서 변함없이 공부를 해 나갈 수 있으니 얼마나 감사한지! 어느 누가 고맙지 않을까? '아내가 없었다면 어떻게 이 법을 만났겠나.' 생각하면 아내에게 감사하고, '네가 그렇게 애먹인 것도 나를 이렇게 바꾸려고 그랬구나.' 생각하면 아들에게도 감사하다. 이 고마운 공부를 한 사람이라도 더 같이 하고, 세세생생 이어서 할 수 있으면 좋겠다. 그것이 지금 나의 가장 큰 발원이다.

22호 · 2005년

강릉행 공부 티켓

허윤자 | 중부경남지원

 지난해 6월 초, 마산에서 근무하다 갑작스러운 조직 개편으로 강릉으로 발령을 받았다. 강릉은 주부 직장인으로서 받아들이기 버거운 발령지였다. 한 번도 경험해 보지 않은 생소한 곳으로 가야 한다니…. 인정하기 힘든 상황에 자존심은 뿌리째 흔들렸지만, 내 앞에 닥친 현실을 받아들이기 위해 발버둥 쳤다. 무거운 삶의 짐을 어깨에 지고 천 길 낭떠러지 끝에 선 듯한 내게 다시 삶의 에너지를 불어넣어 주신 분은 지원장스님이셨다.

 "보살님, 선택받아 가는 것입니다. 국비로 강릉 관광 다 해 보고 얼마나 좋습니까? 가족하고 헤어져 있어 보면 서로 소중한 것도 알게 되고, 세상살이의 폭을 넓히는 좋은 기회가 될 것입니다."

 스님의 말씀을 듣고 마음을 돌렸다. 이런 상황이 닥친 것도 다 뜻이 있고, 이유 없이 일어나지 않는다는 생각이 들었다. 그리고 상대를 원망하기보다 내 탓으로 돌려야 한다는 사실을 깨달았다. '스님께서는 나를 한 차원 높은 곳으로 인도하고자 긍정적인 에너지를 불어넣어 주시며 애쓰셨구나.'라는 생각에 감사의 눈물이 흘렀다.

마산에서 서울을 거쳐 강릉으로 가는 길은 꼬박 하루가 걸렸다. 원주를 지나자 높고 깊은 백두대간이 끝없이 펼쳐졌다. 갑자기 그동안 참고 있던 설움이 폭포수처럼 터져 나왔다. 그래도 입술을 깨물고 참고 참으며 도착한 강릉은 외딴 섬처럼 여겨졌다. 어둑해질 무렵 근무할 사무실을 찾아갔는데, '여기도 사람이 사는 곳인가.' 하는 두려움이 들 정도로 삭막했다. 그렇게 강릉과의 인연이 시작되었다.

다음 날 아침, 퉁퉁 부은 눈으로 첫 출근을 했다. 투박한 말투와 무뚝뚝한 표정, 불친절과 무반응, 학연과 지연으로 얽히고설킨 패거리 의식, 지역 토박이들끼리의 모임들, 여성에 대한 보수적인 시각…. 이곳 사람들의 첫인상은 대체로 좋지 않았다. 그러나 "처처에 보살이요, 네 머무는 곳이 극락이다."라고 하신 큰스님 말씀을 떠올리며, 이들의 모습 또한 내 모습이라 생각하기로 했다. 그럼에도 불구하고 마음 한편으로는 나를 이곳으로 오게 한 장본인의 사과를 기다리고 있었다. 잘못된 발령이 내려진 사정에 대해 알고 있는 이곳 동료들의 시선이 부담스럽기도 했다.

　강릉에 온 지 두 달이 지난 어느 날, 몸에 엄청난 통증이 찾아왔다. 연중 1회 실시하는 2박 3일간의 을지훈련을 끝내고 목욕탕에 들렀다가 집으로 가던 중, 갑자기 호흡곤란을 느껴 응급실을 찾아야만 했다. 그리고 바로 그날로 입원해 중환자실을 거쳐 관상동맥 조형술 검사를 하고 4일간 병원 신세를 지게 되었다.

　퇴원 후에도 몸 관리를 잘못해 증세는 이전과 똑같이 지속되었고, 어떤 음식도 소화하지 못해 몸무게가 44kg에서 36kg까지 빠져 앙상한 몸이 되고 말았다. '호흡을 마음대로 할 수 있다면…. 먹고 싶은 음식을 마음껏 먹을 수만 있다면….' 하는 욕구가 절실했다. 어린 두 아들에 대한 걱정은 버려 두고 나 혼자만 살겠다는 욕심으로 가득했다. 육체적 아픔만 없다면 무슨 일이든지 할 수 있을 것만 같았다. 그동안 살아오면서 힘들다고 여겼던 일들도 지금 겪고 있는 신체적 고통에 비하면 하찮기 이를 데 없다는 생각까지 들었다.

　그러한 고통 속에서 '질병에 의한 육신의 괴로움은 내 의지에 따라 통제할 수 없지만, 마음은 바꿔 먹기만 하면 되는 것이 아닐까?' 하는 새로운 자각이 일어났다. 강릉으로 오게 된 일로 겪었던 지난 시절의 회의와 고통도 저 멀리 날아가 버렸다. 다행히 몇 달 뒤, 건강이 정상으로 돌아와 원래의 모습을 되찾게 되었다. 차츰차츰 몸도 마음도 강릉 생활에 적응해 가고 있었다.

그러던 중, 같은 팀원과 업무적인 일로 마음 상하는 일이 생기고 말았다. 어찌 보면 강릉 사람의 생리를 모른 나의 실수였다. 두 살 위인 그와는 평소에 허심탄회하게 지내는 사이였으나, 그 일로 용서할 수 없는 사이가 되고 말았다. 나는 어떤 식으로든 배신에 대한 보복을 하고야 말겠다고 벼르게 되었다. 그렇게 매사에 신경질적으로 변해 갔고, 또다시 방황이 시작되었다. '왜 내게 이런 일이 반복해서 일어나는 것일까? 처음에는 좋지만 결과는 그 반대로 끝나는 이런 일들이 왜 자꾸 반복되는 걸까?'

그것은 바로 나의 아상我相 때문이었다. 내 직위에 부응하는 대접을 바랐던 마음 탓이었고, 상대편 입장에서 배려하기보다는 내 의견이 절대적으로 수용되기를 원하는 습성이 자리하고 있기 때문이라는 사실을 깨닫게 되었다. '상대방이 나에게 맞춰 주기를 바라기 전에 내가 먼저 다가가는 마음을 가지라고 이런 시련을 주는 구나!' 라는 생각이 들었을 때, 비로소 그 사람에 대한 복수심에서 벗어날 수 있었다.

그로부터 한참의 시간이 흐르고 나서 그 사람이 먼저 인사를 했다. 그 순간 지난 일들은 모두 눈 녹듯이 사라졌고, 예전의 관계를 회복하게 되었다.

요즘은 퇴근 후 매일 큰스님의 법문을 읽고 있다. 스님의 법문이 아니었더라면 지금까지 견디지 못하고 중간에 좌절하고 말았을 것이다. 하지만 이제는 아무리 힘들어도 두려움 없이 나아가는 힘이 생겼다. 일상 생활 속에서 큰스님의 말씀과 함께 생활하는 습관이 어느 정도 익숙해져서 웬만한 부딪힘 들은 어려움 없이 헤쳐 나가고 있다. '곧 지나가리라. 지난 일 돌아보지 않으리라.'라는 삶의 자세를 견지하며, 어떤 일이 일어난다 하더라도 주인공 자리에 관하는 마음을 잊지 않으려 한다. 그러다 보니 가정과 직장 생활이 나날이 풍요로워지고 있다.

"내 육신이 내면 부父의 채찍에
사지가 마디마디 찢기는 듯 아파도
만약에 모든 상이나 물질에 치우쳐 둘로 생각했다면
자기가 있기에 자기 탓인 줄도 모르고
남을 원망하고 증오하며 미워하는 마음을
내었을 것이기 때문이다."

큰스님께서 풀어 놓으신 《뜻으로 푼 금강경》의 한 구절이다. 이 말씀을 마음속으로 수없이 새기며, 앞으로 어떠한 상황이 닥쳐와도 상대를 탓하는 마음을 내려놓고 오직 나 자신만을 돌아보겠다고 결심했다. 한결 마음이 편안해졌다.

흙이 모여 태산이 되고 개울물이 모여 바다가 되듯이, 모든 것을 포용하는 마음이 될 때까지 필요한 건 끊임없는 정진이다. 하지만 육체가 쉴 곳이 필요하듯 마음도 쉴 곳이 필요하다. 그리고 몸과 마음은 똑같이 소중하여 어느 하나라도 기울어져서는 안 된다는 것을 절실히 깨닫게 되었다. 이렇듯 나를 돌아보게 하고 둥글게 다듬어 준 인연들에게 감사할 뿐이다.

55호 · 2010년

종이에 물 스미듯

이일송 | 뉴욕지원

저는 불교 집안에서 태어나 어릴 때부터 사찰이나 스님들의 모습이 전혀 낯설지 않은 환경에서 자랐습니다. 청년기에는 무엇을 하며 어떻게 사는 것이 잘 사는 것인가에 대해 많은 고민을 하다가 스님들처럼 참선하고 득도를 하는 것이 제대로 된 삶이라고 생각했습니다. 그래서 시간 나는 대로 절에 들어가 참선법을 배웠고, 불교활동에 매진하기도 했습니다.

하지만 '산속에 들어가 가부좌를 틀고 앉아서 화두를 잡고 확철대오廓徹大悟 해야만 하는데, 이렇게 세속에 살면서 어떻게 그 길을 갈 수 있을까' 싶어 늘 고민이 되었습니다. 마음공부는 현생의 나하고는 인연이 없는 것인지도 모르겠다며 포기하는 마음이 들기도 했습니다.

미국에 와서 하루하루 바쁘게 살다 보니, 퇴직 후에라도 어디 토굴에 들어가 공부할 수 있는 기회가 생기면 좋겠다는 바람으로 버티며 살았습니다. 삶에서 오는 스트레스를 견디는 방법은 '내가 이기나 네가 이기나 어디 싸워 보자.' 하는 오기였습니다. 같이 일하는 직원들이 '성난 호랑이'라는 별명을 지어 줄 정도로 거칠었고, 점점 화를 잘 내는 성격으로 바뀌어 갔습니다. 그렇게 해야만 세상을 살아나갈 수 있다고 믿었습니다.

무엇보다 남들에게 지기 싫었습니다. 미국에서 인종차별을 받지 않고 살아가려면 무섭게 나 자신을 포장하여 스스로 보호하지 않으면 안 된다고 생각했던 것입니다. 그러다 보니 몸은 지쳐 가고 성격은 예민해져서 주변 사람들과 마찰도 많아졌습니다. 남편에게도 툭하면 화를 내고 '이렇게 힘들게 살고 있는 나를 왜 이해해 주지 못하나.' 하며 원망이 깊어져 만성 두통에 시달리기도 했습니다.

그러던 어느 날, '절에 가서 108배라도 하면서 나를 내려놔야겠다.'라는 생각이 들었습니다. 이 절 저 절 찾아다니다가 한국에 살 때 몇 번 가 본 적 있던 한마음선원 뉴욕지원이 집 근처에 있다는 걸 알고 다시 인연을 맺었습니다.

처음 큰스님 법문을 듣는데 너무 어려웠습니다. 스님께서는 자꾸만 주인공 자리에 내려놓으라고 하시는데 주인공이 뭔지, 무엇을 어떻게 내려놓으라는 건지 이해가 되지 않았습니다. 똑같은 말씀만 계속 되풀이하시는 것 같았고, '법문이 왜 이렇게 어렵지?'라는 생각에 계속 다닐까 말까 망설이기도 했습니다. 그러다 새해가 되었습니다. 촛불재 기간만이라도 열심히 다녀 보기로 결심하고 하루도 빠지지 않고 참석했습니다. 법문은 여전히 이해되지 않았지만 "마음의 등불을 밝혀라."라는 말씀이 유독 가슴에 와 닿아 그 의미가 궁금해졌습니다. 포기하기에는 아직 이르다는 오기도 있었고, 스님의 법문집을 차근차근 읽어 보고 싶다는 생각도 들었습니다.

그때부터 아침에 일어나 《한마음요전》을 읽기 시작했습니다. 《허공을 걷는 길》도 한 장 한 장 읽어 나갔습니다. 읽다가 이해가 안 되면 메모를 했습니다. 어느덧 정기법회 때 스님의 법문을 들으며 하나둘 의문이 풀렸습니다. 불교대학에서 원공 스님과 혜봉 스님에게 체계적으로 배워 가면서 마음공부가 어떤 것인지도 점차 알게 되었습니다.

참선이란 은퇴해서 산속에 들어가 화두를 들고 하는 것이 아니었습니다. 삶 속에서 함께 살아가고 있는 모든 것들과 찰나찰나 접촉하며 본성 자리에 모든 것을 내려놓는 것이 진정한 참선임을 조금씩 이해할 수 있게 되었습니다. 주인공에 믿고 맡기는 법을 알게 되고, 이를 실천하려고 노력하면서 성난 호랑이 같던 성격도 서서히 여유롭고 부드럽게 바뀌기 시작했습니다.

그러던 중 신행회 회장이라는 직책을 맡게 되었는데, 참 난감했습니다. 무슨 일을 해야 하는지도 모르고 회원 이름과 얼굴도 모르는 상황이니 과연 잘해 나갈 수 있을까 걱정이 되었습니다. 하지만 주인공 자리에 모든 것을 내려놓고 순간순간 최선을 다해 보자고 결심했습니다.

아침마다 정진을 하며 관하는 것으로 하루를 시작했습니다. 당시 직장을 두 군데나 다니고 있었고 선원에서는 불사가 한창이었기 때문에, 몸이 열 개라도 모자랐습니다. 눈코 뜰 새 없이 바빴지만 아침 정진만은 빠뜨리지 않았고, 출근 전에 매일 스님 법문집을 읽는 것을 철칙으로 지켰습니다. 그러다 보니 '내가 하는 게 아니다. 운전수는 주인공이다. 나는 주인공이 운전하는 대로 달리는 자동차에 불과하다.'라는 마음이 확고해지면서 주인공이 내 생활의 중심이 되어 갔습니다. 더 이상 낯설고 힘든 이국 생활이 짜증스럽지 않았습니다.

그러던 어느 날이었습니다. 법회 시간에 스님 법문을 듣는데, 마루에 물이 엎질러졌을 때 종이를 대면 물이 흡수되는 것처럼 큰스님 말씀이 제 마음속에 그렇게 확 스며드는 전율을 느꼈습니다. 그 순간 '아, 이런 것이 마음공부로구나! 스님께서 말씀하신 생활 속의 참선이 이런 것이구나!'라고 알게 되었습니다. 중년에 비로소 삶의 방향을 잡게 된 것이 참으로 고마웠습니다.

할 일이 너무 많아 잠자는 시간을 줄여 일을 해야 하는 날이 많았습니다. 하루는 겨우 세 시간을 자고 피곤한 몸을 일으켜 나갈 준비를 하고 있을 때였습니다. 듣고 있던 스님 법문에서 "잠을 적게 잤기 때문에 피곤하다는 생각에 잡혀 스스로를 피곤하게 한다. 그 생각부터 버리고 주인공에 맡겨라. 여느 날이나 똑같이 생활하라."라고 하시는 말씀이 귀에 쏙 들어왔습니다.

스님은 언제나 그때그때 제 상황에 맞는 법문을 해 주십니다. 그렇게 매일매일 깨닫는 부분이 많아집니다. 수십억의 중생심을 주인공 용광로에 집어넣어 걸림 없는 대자유인의 길을 가르쳐 주신 큰스님께 진심으로 감사드립니다.

76호 · 2014년

감나무와 깍지벌레

심영자 | 본원

"엄마, 약 뿌려야지요."

"응, 한 이틀만 기다려 봐."

"관하는 중이세요?"

아이가 물었지만 대답을 못하고 마음 깊이 관했습니다.

'깍지야! 너한테 독한 약 뿌리고 싶지 않아. 네 스스로 물러가렴. 그게 너도 살고 감나무도 사는 길이야.'

요즘 깍지와 감나무를 보노라면 가슴 깊은 곳에서부터 찡하니 느껴지는 게 있습니다. 그동안 무심하게 제대로 돌보지 않은 미안함과 살겠다는 깍지를 잡아야 하는 미안함으로….

지금부터 17년 전 초겨울 어느 날, 아주 크고 당도 높은 단감을 사 와서 맛있게 먹고 씨를 버리려다 좀 아깝다 싶어 화분 가장자리에 돌려가며 예닐곱 개를 심고는 잊었습니다. 어느 날 보니, 흙을 헤치고 싹 하나가 고개를 쏘옥 내밀고 올라오는 게 아닙니까. 며칠 후 다른 화분에 옮겨 심었는데, 여린 싹에 매달린 채 고개 숙인 씨앗이 무거워 보여서 떼 주려다가 그만 떡잎이 똑 부러졌습니다. 더 이상 자라질 못하게 되었으니 여간 아쉬운 게 아니었지요. 애써 피어난 싹한테도 미안했습니다.

그런데 다시 또 하나가 싹을 틔웠습니다. 이번엔 옮겨 심고 물만 열심히 주었더니 무럭무럭 잘 자랐습니다. 그렇게 인연 된 열여섯 살 감나무가 해마다 싱싱한 잎으로 베란다에 그늘을 만들어 주었습니다. 가을이면 곱게 물든 감나무를 보면서 '아! 가을이 왔구나.' 했지요.

그런데 2년 전부터 감나무 잎이 시들시들했습니다. 끝이 말려들고 잎의 뒷면이 풀을 바른 것처럼 끈적끈적해서 자세히 살펴보니 군데군데 하얀 솜을 붙여 놓은 것 같았습니다. 주위에 이야기를 했더니 그 속에 벌레가 살고 있는데 잘 죽지 않기 때문에 하나하나 일일이 잡아야 한다고 하더군요. 하루 시간을 내어 수없이 붙어 있는 벌레를 다 잡았습니다. 그러곤 잘 자라나 했더니 지난해 다시 또 생겨서 다른 화분에까지 번졌습니다. 감나무는 비실비실, 고운 단풍은 고사하고 지저분하게 베란다 구석에 방치되었습니다.

하루는 화원에 들러 물었더니 "그거 깍지벌레인데 웬만해선 잘 죽지 않아요. 농약을 독하게 뿌려야 없어져요."라고 주인이 알려 주었습니다. 그래서 설명을 듣고 약을 하나 구입해 왔습니다. 아들은 그 말을 듣고 다음 날 바로 약을 뿌리겠다고 했지만, 독한 약을 뿌리는 게 내키지 않아 다음에 하자고 그날은 넘어갔습니다. 다음 날, 구석에 있던 감나무를 출입문 가까이에 갖다 놓았습니다. 매일 드나들면서도 제대로 보살피지 못한 나의 무심함을 반성하며 씩씩하게 잘 자라라고, 깍지벌레는 스스로 물러가라고 둘에게 마음을 보냈습니다.

업이 녹아내리는 것일까? 가슴에 뜨끈한 덩어리 같은 게 올라오면서 눈가에 이슬이 맺혔습니다. 아주 지극하고 간절하게 '스스로 물러가는 게 사는 길'이라고 마음 내기를 몇 차례, 그래도 여전히 여기저기 하얗게 붙어 있는 깍지가 안쓰러웠습니다. '깍지야! 정말 약 뿌릴 때까지 있지 말고 물러가.' 간절하다고 할 정도로 지극하게 마음으로 전하면서 며칠에 한 번씩 물을 줄 때마다 감나무를 목욕시켰습니다. '감나무야! 이제 다시는 벌레에게 물리지 말고 튼튼하게 자라야 해!' 하며 용기도 주었습니다.

그렇게 거의 한 달을 보냈습니다. 어느 날 보니 하얀 깍지의 집이 많이 줄어 있었습니다. 이틀 후 꽃샘추위로 쌀쌀했지만 햇살이 따뜻해서 모든 화분에 물을 뿌려 시원하게 씻어 주었습니다. 특별히 감나무는 신경 써서 분무기로 한 번 더 골고루 뿌렸습니다. 그런데 유독 감나무 화분 주위에만 쥐며느리들이 기어다니고 있었습니다. '어? 너희들까지 나오면 어떻게 해. 모두 제자리로 돌아가. 알았지?' 그러고 몇 시간이 지난 후에 다시 베란다로 나가 보았습니다. 감나무에 뭔가 움직이는 게 있는 거 같아 자세히 살펴보니 세상에 이런 일이! 깍지가 있는 곳마다 쥐며느리가 붙어 있는 게 아닙니까. 그렇게 많던 하얀 깍지 집이 거의 보이질 않았습니다. 감사함에 콧등이 시큰해져 왔습니다. 농작물에 진딧물이 많이 껴서 관했더니 무당벌레가 날아와 진딧물을 없앴다는 한 신도님의 이야기가 생각났습니다.

앞서 깍지를 잡았을 때는 마음을 내지 않고 그냥 죽였기에 감나무뿐만 아니라 다른 화초들에게도 전염이 되었고, 그것이 저에게는 고통이었습니다.

'깍지야! 미안해. 그리고 고마워. 이 몸 벗기 전에 알게 해 줘서 정말 고마워. 다음 생에는 아름답고 멋진 몸 받아 태어나렴.'

이렇듯 깍지를 통해, 아무리 하찮은 생명일지라도 아무렇게나 죽이면 안 된다는 걸 깨닫게 되었습니다. 어느새 싹이 튼 감나무도 올해는 본래의 아름다운 단풍을 자랑할 수 있겠지요.

14호 · 2004년

공용으로
물이 불어나지 않기를

박성미 | 포항지원

'공용으로 물이 불어나지 않게 하소서!'

날이 갈수록 간절해지고 절로 노래가 되어 흘러나오는 이 구절은 어느 날부터 나의 일상 관觀이 되었다. 때가 되면 밥을 찾아 먹는데 이유가 붙지 않듯이, 때로는 한 그릇 공양에도 일체가 함께한다는 것에 벅차고 감사하듯이 말이다. 그러나 처음부터 그렇지는 않았다. 바다를 끼고 살아왔지만 나는 그 당연한 것의 감사함을 모르고 지내 왔다. 물에서 모든 것을 얻고 물이 모든 것을 앗아 간다는 것을 보고 들으며 살아와 너무도 잘 알고 있었으면서도 말이다.

근래 들어 예불 시간이면 '지구 에너지 문제 해결' 발원이나 '공용으로 물이 불어나지 않게 하소서!'라는 발원을 하고 있지만, 그건 스님께서 하시는 일이지 나의 문제가 아니었다. 나에게는 지금 내가 처한 경제적 상황이 나아지는 것, 가족의 이런저런 어려움이 해결되기를 바라는 마음이 우선이었다. 지구 문제에 대해서라면 세간의 지식으로 생각할 수 있는 대처 방법이 먼저 떠오를 뿐, 마음으로 돌려놓지 못하였다. 지금 물이 불어나고 줄어드는 것, 그게 어째서 그렇게 큰 문제가 된단 말인가? 왜 '공용으로 물이 불어나지 않게 하소서!'라는 마음을 내야만 하는가? 나의 살림은 그런 문제가 아니어도 힘이 드는데…. 나의 화두 아닌 화두는 이렇게 시작되었다.

2001년을 맞으며 지원장스님께서는 올해가 불사 원년이 될 것이라는 말씀을 하셨다. 그리고 신축 법당 건립을 위해 마음을 많이 내시고 정성을 들이셨다. 추석이 지나고 기다리던 건축 허가가 나오자 모두가 함께 기뻐하며 안도하였다. 그런데 며칠 후에 스님께서 '지구 무사고 발원재'를 올리자고 하셨다. '지구 무사고 발원재라니? 포항지원 신축 불사와 그것이 무슨 관계가 있단 말인가? 그래도 스님께서 하신다니 뜻이 있겠지.' 그 뜻을 모르는 나는 입 밖으로 내지는 못했지만 갑자기 지구 무사고 발원재는 왜 하는 것인지 의문이 들었다.

그에 대해서 지원장스님은 자세히 말씀을 해 주셨다. "포항은 지리적으로 가까운 경주에 원자력 발전소가 있는데, 지리학적으로 활성단층 지역으로 알려져 있습니다. 그리고 크고 작은 지진이 수없이 일어나는 일본 열도와 연결된 곳이 바로 동해안입니다. 이런 땅 위에서 수많은 세월이 가도 흔들림 없이 그 자리를 지켜 불법을 이어 갈 법당을 지어야 하는데, 어떻게 지구에 관심을 두지 않을 수 있겠습니까?"

불사를 시작하기 전, 지원장스님은 불안정하고 흔들림이 느껴지는 이 땅에 법당을 꼭 세워야 하나 하는 마음으로 큰스님께 여쭈었다고 한다.

"큰스님, 동해 바다는 꿈틀거리고 앞으로는 산이 물이 되고 물이 산이 되는 변화가 올 텐데 불사는 왜 해야 합니까?"

"그러니까 해야지. 주산신, 주해신과 하나가 돼서 조절해야지. 그것이 불사야."

지원장스님이 큰스님의 말씀을 듣고 불사를 위해 온 마음을 다하다가 올라온 한생각이 '지구 무사고 발원'이었다는 것이다.

"큰스님께서는 불사란 건물만 짓는 것이 아니고 온 우주를 한데 합치는 것이라고 말씀하셨습니다. 그러니 땅 위에 보이는 건물을 지어 올리는 것만 불사라고 하겠습니까? 마음을 넓혀서 지구 전체가 바로 우리 법당이라고 받아들일 수 있도록 마음을 키워 가는 것, 그것이 진정 큰 불사가 될 것입니다. 포항은 크고 웅장한 절을 짓지는 못합니다. 근본을 믿고 일체가 나 아님이 없는 큰마음 큰 뜻을 이어 갈 법당을 지어야 합니다. 그러니 해, 달, 지구에게까지 늘 감사한 마음을 내세요. 그러면 우리 불사도 원만 회향될 것입니다."

그렇게 '지구 무사고 발원재'를 지낸 후 11월 큰스님께 보고하며 송도 바다의 물이 거꾸로 오르는 문제에 대해 변화상을 말씀드렸더니, "그것은 포항제철 지을 때 파서는 안 될 데를 파고 메꿔서는 안 될 데를 메꿔서 그렇다. 바다는 높은 바다가 있고 낮은 바다가 있는데 포항은 낮은 바다이니 본원과 전국 지원에서 함께 공용으로 물이 불어나지 않게 관하라."라고 하셨다고 한다. 그리고 포항제철에서 목숨을 잃은 분들을 위한 천도재를 올리라고 하신 말씀을 전해 주셨다.

이렇게 해서 받들게 된 것이 바로 '공용으로 물이 불어나지 않게 하소서.'라는 관이다. 이 공생관을 하면서도 처음에는 무얼 어떻게 해야 할지 알 수 없었다. 지구 생태계가 파괴되고 순환이 원활치 않아 세계 곳곳에서 이상기후 현상들이 나타나고 있다는 뉴스가 들려왔지만, 그것은 나와는 먼 이야기로 느껴졌다. 하지만 우리 가까이에서도 그런 일들은 이미 벌어지고 있었다. 어느 때부터인가 비가 조금만 와도 시내가 상습적으로 침수되고, 달리던 차들은 난데없는 뱃놀이를 하게 되었다. 하천으로 무단 방류한 공장 폐수 때문에 물고기들이 떼죽음을 당하는 것을 보면서도 우리는 정부의 무성의한 관리 시책과 업주의 비양심만 비난했다. 물질이 가져다 주는 편리

함과 풍요 속에서 나만 생각하는 이기심이 자연을 병들게 하고 있었다.

그런 상황에 화가 나고 가슴이 아팠지만 바다의 문제가 나의 간절하고 절박한 문제는 아니었다. 공장에서 만들어진 옷을 입고, 휘발유를 연소시켜 차를 타고 선원으로 향하며 가족들의 건강과 평안을 발원했다. 페트병에 담긴 음료를 마시고 화학 원료에서 추출한 세제로 몸을 씻고 치장했다. 그렇게 편하게 생활용품들을 사고, 아무 생각 없이 그 찌꺼기들을 쓰레기통에 밀어 넣었다. 그런데도 지구가 아파하는 것을 몰랐다. 늘 함께인 지구지만 나는 지구가 아니었다. 따지고 보면 나의 살림살이도 지구의 큰 살림살이의 한 부분이거늘, 큰 살림살이가 잘 굴러가면 작은 부분은 저절로 따라가게 되는 것을 생각하지 못하고 살아온 것이다.

"60억 세계 인구와 바다, 산, 나무, 꽃, 지구의 유생 무생에게 올리는 공양이 곧 나에게 올리는 공양인 것을, 그 마음 보시를 어찌 게을리하겠습니까." 지원장스님의 가르침이 큰 바다가 되어 나를 싸안는 듯하다. 일체가 하나임을 진실로 믿고 공부해 나가다 보면 어느 것 하나 나의 아픔, 나의 사랑 아닌 게 없다는 것을 알게 될 것이다.

포항지원에서는 연휴와 해맞이도 접어 둔 채, 법당의 큰문을 활짝 열어 '불사 원만 성취 및 포항제철에서 가신 무명 영가들을 위한 천도재'로 새해를 시작했다. 많은 사람이 동참해서 새해 첫날의 맑고 밝은 마음을 가득 담아 우주 삼천대천세계 부처님 전에 간절히 발원했다. '설사 천재지변이 닥친다고 하여도 정법을 이어 나갈 굳건한 수행 도량을 짓게 하소서!'

점심 공양 후, 겨울바람에 얼어 버린 불사터를 찾아가 올해 불사를 고하는 절을 올렸다. 우리들의 정성스러운 마음에 산하대지가 다 한마음 속으로 녹아드는 것 같았다. 우뚝 솟아 지구를 지켜 갈 우리 도량이여! 어둠이 내리며 새해 첫날이 그렇게 저물어 가고 있었다.

2호 · 2002년

05

스승의 발자취를 따라

라인강 가에서

이학로 | 독일지원

《금강경》을 읽다 보면 매일 반복되는 일상을 여여하게 살아가시는 부처님의 모습을 엿볼 수 있다. 부처님께서는 기원정사에 1,250명의 제자들과 함께 계시다가 공양 때가 되면 손수 가사를 입고 발우를 챙겨 사위성으로 걸식을 나가신다. 당신이 정한 계율에 따라 탁발을 마치신 부처님은 다시 기원정사로 돌아와 공양을 마치시고 직접 발우를 닦으신다. 그다음 가사를 정리하고 발을 씻으신 뒤 자리를 잡고 선정에 드신다. 제자 수보리는 물 흐르듯 어디에도 걸림 없는 부처님을 지켜보며 감동한다.

평범하기 그지없는 《금강경》의 앞부분을 처음으로 읽었을 때, 마치 영화의 한 장면처럼 부처님의 모습이 생생하게 다가와 내 마음에 깊은 파장을 일으켰다. 이 부분을 독송하면 눈물이 나기도 했다.

그러던 어느 날, 《금강경》을 독송하던 나의 얼굴에 미소가 번졌다. 내가 흘렸던 눈물의 원인을 알게 되었기 때문이다.

1996년 10월, 큰스님께서 독일지원 개원법회를 위해 오셨을 때 나는 가까이서 모실 수 있는 행운을 얻었다. 주된 임무는 스님께서 외출하시면 차로 모시는 것이었지만, 산책을 나가실 때도 멀찍이서 스님 뒤를 강아지처럼 졸졸 따라다녔다. 정성스레 모시는 제자스님들 사이에서 느린 걸음으로 산책하시는 스님의 뒷모습을 보는 것만으로도 나는 너무 행복했다.

똑같이 회색 옷을 입고 머리카락도 없는, 작고 낯선 이방인들이 마을을 조용히 산책하는 모습은 독일 주민들의 호기심을 자극하기에 충분했다. 스님은 그런 시선을 향해 잔잔한 미소를 지어 보이셨고 가끔은 손까지 흔들어 주셨다. 때로는 살짝 몸을 숙이며 인사를 건네기도 하셨다. 그때 보았던 스님의 미소와 걸음걸음은 부처님께서 탁발 나가시던 모습과 다르지 않았다. 나는 지금도 이보다 더 평화로운 모습을 알지 못한다.

큰스님과 혜수 스님을 모시고 인근 도시 쾰른에서 일을 마치고 선원으로 돌아올 때였다. 스님께 여쭈었다.

"스님, 고속도로 대신 라인강을 따라가는 국도로 모실까요?"

스님께서는 늘 그러시듯 가벼운 미소를 지으며 고개를 끄덕이셨다. 혜수 스님도 살짝 미소를 지어 주셨다. 그렇게 하라는 무언의 말씀이다. 나는 두 분의 미소가 너무 좋았다. 그 미소는 나를 춤추게 하는 묘한 힘이 있었다.

"스님, 라인강이 예쁜데 잠깐 보시겠어요?"

한참을 가다가 또 여쭈었다. 스님은 내가 제안하는 것을 한 번도 거절하시는 법이 없었다. 신이 났다. 그것이 다 상대를 편하고 행복하게 해 주시려는 배려라는 것을 아주 나중에야 알아차렸다.

늦은 오후, 피곤한 듯 비스듬히 드러누운 태양은 평온한 라인강을 따스하게 비추고 있었다. 멀리서 대형 화물선 한 척이 우리 쪽을 향해 다가오고 있었고, 다른 쪽에서는 제법 큰 백조 한 쌍이 우아하게 데이트를 즐기고 있었다. 한데 이 녀석들이 강가에 앉아 계시는 큰스님을 보더니, 하루 일을 마치고 돌아오는 엄마를 발견한 자식들처럼 스님 쪽으로 열심히 헤엄쳐 오는 것이었다. 쌕쌕거리며 달려드는 백조에게 호되게 당한 적이 있는 나는 긴장되어 달려갔지만, 스님께서는 차분하게 말씀하셨다.

"아까 산 과자 있지? 그것 좀 가져다 줘."

스님의 앉은키보다도 훨씬 큰 백조들에게 둘러싸여 계신 것이 걱정되었지만 다녀올 수밖에 없었다. 그런데 과자를 들고 뛰어온 나는 또 하나의 평화를 보았다. 스님은 백조와 친구가 되어 있었고,

백조는 스님의 제자가 되어 머리를 땅에 조아리고 있었다. 그 평화로운 모습을 놓치고 싶지 않아 서둘러 카메라의 셔터를 눌렀다. 그때 찍은 스님과 백조의 모습은 안양 본원의 도량탑 한 면에 새겨져 있다.

"아주 간단해! 소를 살리려면 내가 소가 되고, 돼지를 살리려면 내가 돼지가 되어 그 속으로 들어가는 거야. 그렇게 그냥 하나가 되는 거지."

그날 스님은 라인강 가에서 보이지 않는 대중을 향해 법문을 하시는 것처럼 보였다. 그날처럼 아름답고 평화로운 라인강을 이후에도 나는 보지 못했다.

스님들을 모시고 가벼운 저녁 공양을 마친 뒤 선원으로 돌아오는 길이었다. 고속도로를 달리는 중이었는데도 큰스님은 안전벨트도 하지 않고 신발을 벗은 채 앞을 똑바로 응시하며 가부좌를 틀고 앉아 계셨다. 스님께서는 자동차를 타실 때 조수석에 앉는 걸 좋아하셨다. 그러니 더욱 안전하게 모셔야 한다는 생각으로 더 긴장할 수밖에 없던 내게 스님이 물으셨다.

"독일은 속도 제한이 없다며?"

"예, 스님. 독일 고속도로는 속도 제한이 없습니다."

"그럼, 한번 달려 봐! 지금 여기가 아니면 즐길 수 없잖아."

사실 스님께서 속도를 즐기신다는 얘기를 들은 적이 있었다. 그래서 독일에 도착하시기 하루 전에 차를 빌려 시속 200km를 살짝 넘기며 연습을 해 두었다. 나도 속도를 즐기는 편이고 스님의 명령까지 떨어졌겠다, 신이 나서 가속페달을 힘껏 밟았다. 배기량이 큰 차를 렌트한 나의 선견지명에 뿌듯해 자부심이 꿈틀거렸다. 속도계는 금방 250km를 가리키고 있었다. 렌트한 차가 달릴 수 있는 최고 속도였다. 2차선으로 알아서 비켜 주는 다른 차들을 신나게 제치고 한 1분쯤 달렸을까? 속도계에 눈을 고정시킨 채 숨도 제대로 쉬지 못하고 있던 제자스님들을 향해 스님은 웃음 지으며 말씀하셨다.

"니들, 지금 무섭지? 손에서 땀나지? 하지만 이런 속도는 지금 이 순간에만 가능한 거야. 즐겨!"

하지만 정작 그때 가장 떨었던 건 나였다. 백미러로 훔쳐본 제자스님들의 긴장된 얼굴도 그랬지만, 운전대를 움켜쥔 내 손에서도 땀이 나고 있었다. 그날 내가 믿었던 것은 단 하나! '부처님 모시고 가는데 설마 무슨 일 나려고?'였다. 그날 250km의 속도로 거의 5분 남짓 달렸다. 그리고 그 기록은 오늘까지도 깨지 못했으니, 아마 다음 생에서나 가능할 것이다. 속도를 즐기는 부처님을 모시고 달리는 기분! 그건 직접 느껴 보지 않고는 절대 알 수 없을 것이다.

큰스님께서 캐나다 토론토지원으로 떠나시던 날, 스님 일행을 공항으로 모셨다. 수 주일 동안 그렇게 가까이에서 모신다는 것이 얼마나 소중한 행운인지 몰랐던 둔하디둔한 나였지만, 그래도 스님께서 떠나신다는 것이 못내 아쉬웠다. 그래서 큰 용기를 내어 스님께 청했다. 스님의 손을 잡고 싶다고. 스님께서는 늘 그러시듯이 살짝 웃으시며 손을 내밀어 주셨다. 스님의 손을 덥석 잡고 옆자리에 앉았다. 그리고 안내원이 비행기에 탑승해야 된다고 스님을 모시러 올 때까지 용감하게 손을 놓지 않았다. 나도 모르게 눈물이 고였다.

그날 공항에서 신기한 경험을 했다. 비행기 탑승 통로로 안내하는 승무원을 따라 최대한 갈 수 있는 곳까지 스님 일행을 뒤따랐다. 더 이상 동행할 수 없게 되자 스님께서는 몸을 잠깐 뒤로 돌려 우리에게 가볍게 인사하고 돌아서셨다. 그 순간 뭔가 뚝 끊기는, 그러니까 내 몸에서 뭔가 쑥 빠져나가는 듯한 느낌을 받았다. 말이나 글로는 표현하기 어려운, 참 묘한 느낌이었다.

나는 그것이 스님의 '온전한 지금, 여기 있음'이었다고 믿는다. 스님께서는 독일에 계시는 동안 말없이 몸으로, 행동으로, 잔잔한 미소로 많은 법문을 해 주셨다. 그리고 무한한 사랑과 관심을 독일지원에 남겨 주고 가셨다. 어디에서 무슨 일을 하시든 바로 그 순간, 바로 거기에 '온전히' 나투셨다. 동네를 산책하실 때는 지나가며 인사를 건네는 동네 사람들과 잔잔한 미소로 하나가 되셨고, 라인강가에서는 백조들과 하나 되어 친구로 나투어 주셨으며, 고속도로를 시속 250km로 달릴 때는 온전히 속도를 즐기실 뿐이었다.

그것은 《금강경》에서 엿보았던 부처님의 여여如如하심이었다. 손수 가사와 발우를 챙겨 탁발을 하시고 공양을 마친 후 다시 손수 가사와 발우를 정리하시고 자리를 정돈하고 선정에 드시는 부처님처럼 '지금 여기의 일'에 '온전하게' 다 바치는 큰스님! 정신세계에 눈조차 뜨지 못했던 당시의 나조차 확연히 느낄 수 있었다. 일을 하면서도 생각은 천 갈래 만 갈래, 사방팔방으로 흩어져 바쁜 나에게는 그저 신비함으로 다가올 뿐이었다.

'마음은 항상 너희들과 같이 있지만, 나는 이제 독일을 떠나 캐나다로 간다.' 스님은 그렇게 말없는 말로 메시지를 남기시고 또 온전히 다음 일정인 캐나다를 향해 중생 구제의 여로에 오르셨다. 그 메시지가 내게는 '뭔가가 쑥 빠져나가는 느낌', 그러니까 온전히 내 안에 계시던 스님의 자리가 텅 비는 듯한 느낌으로 다가왔던 것이다. 중생인 나에게는 그것이 허탈감과 허망함으로 다가왔다. 그리고 얼마 지나지 않아 그리움이 사무쳐 몸살이 났다. 며칠을 앓았다. 스님이 너무 그리워서….

67호 · 2013년

202

아픈 다리가
황금 다리인 줄 알라

최성휴 | 광주지원

1987년 2월, 미국에 1년 정도 교환교수로 가게 되었습니다. 예정된 기간을 마치고 유럽과 일본으로 여행을 다녔는데, 도중에 실수로 미끄러지는 일이 있었습니다. 오른쪽 무릎 관절 부위에 통증이 있었지만 대수롭지 않게 여겨져 진통 소염제를 바르고 귀국길에 올랐습니다.

3월 신학기가 되어 강의를 시작하고 연구를 하는 중에도 통증이 지속되었습니다. 병원을 찾았더니 퇴행성 관절염이라고 했습니다. 치료를 계속했지만 통증은 더 심해졌고, 1학기 강의가 끝날 무렵인 6월 중순에는 통증이 극심해서 다시 진료를 받아야 했습니다. 전문 방사선과에서 촬영한 자료들을 보더니 전문의가 빨리 종합병원에 가서 정밀 검사를 받으라고 하더군요. 곧바로 대학병원에 가서 다시 검사를 받은 후 입원하게 되었습니다.

조직 검사 결과는 종양이었습니다. 무릎 관절의 뼈가 거의 파괴되어 아주 조금만 남아 있기 때문에 수술도 쉽지 않다는 것이 주치의의 설명이었습니다. 독일에 인공 관절을 주문해 수술할 수는 있지만 10년에 한 번씩 재수술을 받아야 된다는 설명을 듣고는, 어떻게 하는 것이 최선의 방법인지 걱정하지 않을 수가 없었습니다. 그러던 중, 아는 분이 병원을 찾아와서 큰스님께서 주석하고 계시는 한마음선원을 소개해 주었습니다. 스님에 대한 이야기를 듣고 나서 담당 의사에게 부탁해 곧바로 퇴원을 하였습니다. 그리고 그 후로 다시는 병원에 가지 않았습니다.

1987년 7월경, 무작정 주소만 가지고 선원을 찾아가 스님을 처음 친견하게 되었습니다. 저는 불법을 잘 알지 못했습니다. 어떻게 절을 하는지도 제대로 알지 못했던 때라, 여러 신도들과 함께 앉아 있다가 제 차례가 되자 큰스님 앞에 나가서 무작정 아픈 부위와 그동안의 과정을 말씀드렸습니다. 스님께서는 "주인공에 믿고 관하세요." 하시면서 당시 총무스님이셨던 혜원 스님에게 가서 관하는 법을 배우라고 하셨습니다. 그날 저는 큰스님 관련 서적과 법문 테이프를 구입해서 집에 돌아와 열심히 읽고 들었습니다.

그 후로 거의 매주 선원에 가서 스님을 찾아뵙고 공부를 하게 되었습니다. 하루는 스님께서 저에게 말씀하셨습니다. "아픈 다리가 황금 다리인 줄 알아라. 다리가 아프지 않았으면 어떻게 불법을 만났겠느냐? 불법을 만나게 되었으니 세세생생 평안하고 행복하게 살 수 있게 될 것이다. 몸이 아픈 것도 고통이지만, 마음이 아프면 알지 못하는 고통이 따르게 되니 열심히 관하고 공부하라." 저는 스님 가르침대로 더 열심히 관하고 공부했습니다. 저를 아는 친구, 친지, 동료 교수들은 최첨단 과학 중 물리학을 전공한 교수가 병원에는 가지 않고 한마음 공부만 한다고 염려와 걱정을 하였습니다.

무릎 통증은 조금씩 좋아졌지만 실외에서는 양쪽 목발을 짚고 다녀야 했고, 실내에서는 지팡이에 의지해 생활해야 했습니다. 하지만 스님 말씀대로, 그런 고통이 더 이상 고통으로 생각되지 않았습니다. 목발과 지팡이에 의지하면서도 대부분의 시간을 연구실에서 지내며 학문 연구에만 전념하였습니다.

그렇게 한 1년 정도 지난 어느 날 문득 한생각이 들었습니다. '이제는 목발과 지팡이가 없어도 걸으면 될 것이다.' 저는 지팡이를 던져 버리고 두 발로 버텼습니다. 그리고 마침내 걷게 되었습니다. 그때 큰스님과 모든 인연들에게 참으로 감사했습니다. 저는 그 감사함을 한마음 주인공에게 회향하였습니다.

오늘도《한마음요전》과《허공을 걷는 길》등을 사경하고 법문을 받들면서 큰스님께서 사자후를 하시던 모습을 회상합니다. 이제 스님께서는 아주 먼 길을 가셨지만, 스님께서 남겨 주신 법음은 우주 법계에 가득 차 있습니다. 그 무한하고 한량 없는 에너지를 우리가 마음대로 쓸 수 있도록 가르쳐 주신 큰 은혜, 그 감사함을 어떻게 다 갚을 수 있겠습니까? 스님의 가르침을 실천 수행하면서 그 가르침에 누가 되지 않는 제자가 되겠습니다. 항상 저희들 곁에 세세생생 계시면서 가르침을 주고 계심에 지극한 감사의 인사를 올립니다.

64호 · 2012년

저처럼 하지 마세요

아니타 노벨 | 독일지원

그것은 기적!

2006년 11월, 안양 본원에 갔을 때 그렇게 생각했어요. 가는 곳마다 우연처럼 계속 큰스님을 뵐 수 있었고, 그때마다 스님의 에너지가 빛처럼 다가와서 감탄했어요. 그건 다른 차원의 것이었지요. 예전에는 마음공부에 목숨을 거는 정도는 아니었어요. 그러나 지금은 목숨까지도 걸 수 있게 되었고, 이제까지 한 것은 한 것이 아니라는 것을 알게 되었어요. 본원을 방문할 수 있게 된 것이 너무나도 감사해요. 이제야 가르침의 만분의 일, 아주 조금이나마 알 것 같아요.

최근에 제게 큰일이 있었어요. 꽤 오랫동안 몸이 정상이 아니라고 느꼈는데, 작년 여름엔 특히 심상치 않았어요. 큰일은 없을 거라고 스스로를 달래며 지냈지요. 그런데 어느 날 가슴에 통증이 오기 시작하는데, 허파가 뚫릴 것처럼 아프고 기침이 멎지 않아 견딜 수가 없었어요. 병원에 갔더니 백혈병이라는 진단이 나왔어요. 그 순간 집안 내력을 생각했어요. 할머니와 아버지도 그 계통의 암으로 돌아가셨거든요.

지원장스님과 통화를 했어요. "스님, 저 백혈병이래요." 했더니, "얼마나 헤매고 밖으로 돌아다닐 거예요? 이제 정말 결정을 내릴 때가 왔네요."라는 말씀을 하셨어요. 그래도 십 년 넘게 마음공부를 해 왔고 위급한 상황이니까 따뜻하게 대해 주시리라는 기대로 전화를 한 것인데, 언제까지 밖으로만 돌 거냐는 스님의 말씀은 너무나도 차갑게 느껴졌어요. 하지만 절박했던 저는 안으로 들어가는 길밖에는 다른 길이 없었어요.

마침 동반자가 휴가를 떠나 일주일을 혼자 지내게 됐는데, 큰스님 사진을 제 방에 모시고 매일 꽃 공양을 올리며 108배를 했어요. 그리고 '주인공, 나 공부시켜!' 하며 《Das Tor zur Befreiung(삶은 고가 아니다)》를 탁 펼쳤는데, 십여 년 전 큰스님을 뵙고 제가 쓴 신행담 "주인공을 정말 믿고 놓아라."라는 글귀가 눈에 들어왔어요. 눈물이 쏟아졌어요. 그러면서 관하는 힘이 생겨났어요. 밤새 실컷 울고 아침에 딱 일어났더니 통증이 없었어요. 용기가 나면서 암은 아닐 거라는 생각이 들었어요. 그러나 몸은 정상이 아니었어요. 믿느냐 안 믿느냐, 밀리냐 안 밀리냐의 상황이었는데 통증이 점점 심해지면서 마음도 힘들어지고 나중에는 숨을 쉴 수가 없어서 의사에게 전화를 했어요. 의사가 그대로 두면 몇 개월 못 산다며 바로 병원으로 오라고 했어요.

마음 정리를 했어요. 서운함이 남아 있던 아버지와의 관계를 참회하며 진심으로 천도재를 올렸고, 얼마나 살지 모르는데 그동안 함께 살았던 동반자를 원망하지 않고 이 상황을 이야기할 수 있도록 주인공 자리에 관했어요. 또한 스위스에 있는 가족들, 쌍둥이 여동생과 90세가 넘으신 어머니가 그냥 착 없이 저를 놓아주길 관했어요. 그리고 집을 보수하기 위해 그동안 생명같이 모아 두었던 돈으로 정성금을 올렸어요. 지원장스님께 전화를 했더니 "병원 갈 때 안으로 그냥 믿고 맡기고 가라."라는 말씀만 하셨어요.

독일은 일단 큰 병으로 병원에 들어가면 환자가 마음대로 퇴원할 수 없기 때문에 마음 정리를 하는 심정은 무척이나 무거웠어요. 그런데 신기하게도 다시 간 병원에서 백혈병이 진단되지 않았고, 집으로 돌아가라는 말을 들었어요. 하룻밤 사이에 생긴 엄청난 사건이었어요. 속으로 '야, 이렇게 감사한 일이 어디 있어?' 하며 당장 스님께 전화를 드렸어요. 정말 말로는 표현할 수 없는 대반전이었어요. 더불어 마음공부를 시작하고 보낸 세월도 대반전을 이루게 되었고요.

　제가 살고 있는 독일에는 결혼을 하지 않고 사는 동반자 관계가 많아요. 저도 프랑스인과 40여 년을 함께 사는데 그 관계가 너무 힘이 들었어요. 아이도 없고 결혼을 한 것도 아니라 헤어질까 해서 십오륙 년 전에 큰스님을 뵈었을 때 여쭈었어요. 스님께서는 웃으시며 "지금 생에서 헤어지면 그 빚을 미루어서 다음 생에 다시 받을래? 어느 게 나아?" 그러셨어요. 다 제가 진 빚이니 동반자가 바람을 피우고 들어와도 반갑고 따뜻하게 맞아 주라고 하셨어요.

　그 후로 어디서 무엇을 하고 돌아오든 "배고프지 않았어요?", "춥지 않았어요?", "피곤하지 않았어요?" 하며 살았어요. 늘 심적으로 눌리며 가슴이 타들어 가고 기가 죽고 두려웠어요. 그런데 정말 신기하게도 마음을 정리하고 부처님께 정성금을 올린 후에 처음으로 두려움 없이 상대에게 내 생각을 편안하게 말할 수 있었어요. 뭔가 마음속에서 자유로워진 것을 느꼈는데, 그건 말로 표현할 수 없는 현묘한 느낌이었어요. 그렇게 하고 나니까 수십 년 넘게 몸과 마음에 철갑처럼 옴짝달싹 못하게 달라붙어 있던 것이 한순간에 떨어져 나간 것 같았어요.

　처음 선고를 받고 오직 안으로 들어갈 작정을 하고는 큰스님 사진을 방에다 모시고 날마다 마음을 내고 있을 때, 사진 속의 스님이 '믿고 놓아! 믿고 놓아!' 하시는 느낌이 계속 들었어요. 밤낮으로 그랬어요. 어디서 오는지 모를 강한 느낌이 저를 끌어 주고 구원하였어요. 저는 그것이 스님의 위력이었다고 믿어요. 사실 스님은 처음부터 저에게 "네가 독일에 있든 스위스에 있든 한국에 있든 우리 마음은 하나야."라고 하셨는데, 마음이 어떻게 시공을 초월하는지 십 년이 넘은 이제야 알 것 같아요.

몇 개월밖에 못 산다는 선고를 받았을 때는 믿을 수가 없었어요. '세상에 태어나서 남을 해치지도 않고 최선을 다해서 살았는데 왜 내게 이런 병이 오지?'라고 생각했었지요. 돌이켜 보니, 남에게 친절하고 최선을 다한 만큼 나 자신에게는 엄청난 강요를 해 왔다는 것을 알게 되었어요. 마음공부를 한다고 하면서도 생각대로 안 되면 불만을 느꼈고, 내가 하는 만큼 상대가 몰라주면 '내가 뭔가 틀린 것은 아닐까?', '공부를 반대로 하고 있는 게 아닐까?' 하며 자신을 때리기만 했어요.

안양에 가서 큰스님을 처음 친견했을 때 여쭈었어요. 여러 사람들에게 친절하려고 노력하는데 왜 가끔 어려운 일이 생기고 분노가 느껴지는지. 스님은 "너는 스스로 채찍으로 네 안의 애기(세포)들을 때리지 않아?"라고 하셨어요. 그리고 계속 그렇게 하면 앞으로 큰 병을 얻을 수 있다는 말씀을 해 주셨어요. 또 "네 안에서 느끼는 그대로, 원하는 그대로 해야지 밖에서 이러이러하게 살아야 한다는 틀로 너를 강요하지 마. 네 속에서 나오는 그대로 해.'라고 하셨어요. 그 말씀을 지금까지 알아듣지 못했던 거예요.

그런데 이제는 알아들어요. 독일에서 말없이 스님들을 뵙고 내려오거나 그러면, 말없는 가운데 밀어주는 느낌이 너무 역력히 느껴져요. 또 도반들이 저를 위해 지극히 마음을 내 주신 것도 느꼈어요. 집에 있는 동반자도 그걸 느낀다고 하면서 질투를 해요. "넌 어떻게 그렇게 많은 사람들의 좋은 기운을 받아?", "왜 일주일에 세 번씩 절에 쫓아다녀?", "그렇게 안 아프고 건강이 좋으면 꾀병 부리지 말고 일해!" 그런 말들을 듣곤 하지만 이젠 마음에 힘이 있으니까 두렵거나 걸리지 않아요.

독일지원의 십 년은 정말 특별한 시간이에요. 이 세상에서 이런 조그만 사찰이 할 수 있는 모든 힘을 다한 시간들이었어요. 사실 저는 무조건 어떤 것을 따르는 타입이 아니었어요. 할 수 있는 저항을 다 하고, 반항할 수 있는 만큼 반항하는 편이었죠. 자기주장이 강한 사람이라 여럿이 모여 의견을 모을 때 내 의견대로 되지 않으면, '그렇게 하면 안 되는데…'라고 생각하며 콧방귀를 뀌고 발길질도 하고 오만 짓을 다 하며 기분대로 했어요. 그리고 '난 이 그룹하고 안 맞아!', '정말 재미없어. 뭐 이런 뚱딴지 같은 모임이 다 있어? 그만 뒤 버릴 거야.'라고 생각한 적도 많았어요. 그런데 이상한 것은 제가 한마음선원에서 떨어져 나가려고 할 때마다 보이지 않는 줄로 딱 당겨 주시는 큰스님을 느꼈고 제자리로 돌아올 수밖에 없었어요.

사실 선원에 가면 마음속으로는 늘 사람들과 조화롭고 싶고 생활의 어려움을 놓아 버리고 평화를 얻어 오고 싶었어요. 그러나 생각대로 돌아가지 않는 일에 승복하지 못했고, 스님은 새로 온 다른 사람들은 예뻐하시면서 초창기부터 온 저한테는 늘 강한 죽비를 들고 계시는 것 같았어요. 아주 길고 긴 시간이 걸리고 병들어 고통을 겪은 후에 돌이켜 보니, 항상 내가 먼저 강하게 자기 생각을 냈고 그것이 다른 모두와 부딪쳐 나를 아프게 하고 병들게 만들었다는 것을 알게 된 거죠.

눈물이 나요. 마음공부를 한다고 한 세월이 십여 년이 지나서, 제나이 65세가 되어서야 자신을 바로 돌아보게 되었고 이제야 고집이 꺾였어요. 여러분은 저처럼 하지 마세요. 지금은 도반들에게 이야기해요. "저같이 공부하면 안 돼요. 스님이 말씀하시면 그냥 바로바로 들으세요. 저는 샘플이에요."

32호 · 2007년

오른발을 들어 봐!

김택곤 | 본원

어느 날 밤, 자정이 넘도록 《한마음》 저널을 읽다가 불현듯 실험을 해 보자는 생각이 들어서 '주인공 당신은 무엇이든 할 수 있다니, 그럼 내 오른발을 들어 올려 증명해 봐!' 하고 관했다. 그러고는 까맣게 잊고 다시 읽기에 여념이 없었는데, 어느 순간 오른발이 갑작스레 번쩍하고 저절로 올라갔다. 처음 겪는 일이라 깜짝 놀라서 엎드린 채로 나도 모르게 합장하며 '주인공, 감사합니다.'라고 마음속으로 되뇌였다.

당시 나는 북한산 자락에 있는 수유리의 낡고 허름한 주택에 세 들어 살고 있었는데, 집안 구석구석 바퀴벌레가 들끓어 밤낮없이 전쟁을 하다시피 하고 있었다. 하루는 마음자리에 맡겨 보기로 했다. 미물인 벌레도 내 마음과 한마음이기에 통신이 된다는 걸 믿으며 관했다. '너와 내가 둘이 아니어서 한 생명 한마음이로되 네 모습이 그리하니 함께 살 수는 없는 일이다. 너도 죽기 싫을 테고 나 또한 죽이는 게 싫다. 그러니 넓고 넓은 세상 어디든 사람 눈에 띄지 않는 곳에 가서 안전하게 한생 살다 환생해라.' 눈에 보이면 휴지에 싸서 밖에 내놓으면서 또 관하였다. 10여 일 후, 신기하게도 그 많던 바퀴벌레들이 어디론가 사라졌고 그 후 3년 동안 그 집을 떠날 때까지 다시 볼 수 없었다.

다음엔 흡연을 재료 삼아서 관했다. '주인공, 담배를 피우게 하는 것도 너인데 네 몸에 안 좋으니 네가 안 피우게 해야 하잖아.' 이삼 일 후 새벽 잠자리에서 일어나 미처 정신을 추스르기 전인데, 문득 '자생 당귀 잎을 보조개에 자주 문지르면 좋은 일이 있고 두통에도 좋다.'라는 생각이 선연하게 떠올랐다. '도대체 이게 무엇 때문일까?'라는 커다란 궁금증이 일어났다. 하는 일이 식물을 기르고 가꾸는 거라 일반 당귀는 재배하여 보았으나, 자생 당귀는 듣지도 보지도 못했었다. 강원도 쪽에 알아보니 산에 야생하는 당귀인데 아직은 3월이라서 뿌리밖에는 못 구한다고 하였다. 하지만 뿌리와 잎이 둘이 아니라고 여겨 경동시장에 가서 뿌리를 구해 왔다. 그걸 짓찧어 볼에 자주 바르며 '이게 무엇에 좋다는 걸까?'라는 의아심이 들었는데 사흘째 아침, 지난번처럼 잠자리에서 일어나 앉는 순간이었다. 어릴 때 어른들 담배 피우는 흉내를 내느라 종이에 호박잎 가루

215

를 말아 피우며 맡았던 매캐한 냄새가 뚜렷이 되살아나면서 '이걸 왜 피웠지?' 하고 후회되었다. 그로부터 아예 뿌리가 빠져 버렸는지 담배는 냄새조차 맡기가 싫어졌다.

이러한 현상도 주인공이 나를 이끌어 공부시키려는 배려겠구나 생각하니 그지없이 감사했다. 하찮고 허망한 존재로만 여겼던 내 마음속에 이렇게 은밀하고도 신비한 도리가 주어져 있음을 실감한 기쁨에 그 누구도 모를 재미가 단단히 붙으니 "삶은 고가 아니다." 라는 말씀이 새삼 되새겨졌다.

그즈음 여러 해 동안 나를 고질적으로 괴롭혀 왔던 위통이 극심 해졌다. 때로는 죄어 오는 가슴을 두 손으로 움켜쥐며 고통에 시달 려야 했다. 동료가 소개해 준 소문난 한약방에 다니며 부항도 해 보 고 침술, 한약 복용 등 한 달여 동안 계속 치료를 받았으나 별다른 효험을 보지 못했다. 그때 큰스님의 가르침대로 몸의 병을 재료 삼 아 실험해 보자는 생각이 문득 들었다. 그래서 모든 치료를 중단하 고 관하기 시작했다. '주인공, 네가 형성하여 네가 끌고 다니는 네 몸을 이렇게 아프게 하는 법도 있나? 너만이 네 몸을 건강하게 할 수 있으니 죽이든 살리든 너 알아서 해.' 하고 관하기 시작했다. 그 러자 아픔이 더욱더 심해졌다. 여기서 물러서면 마음공부 하기는 영 어렵겠다 싶어 아내에게도 고통을 내색하지 않았고, 병원에 가 보자고 걱정을 하면 이젠 괜찮아졌다며 안심시켰다. 그러나 한밤중에 자다가 자지러질 듯한 고통이 엄습할 때엔 '혹시 40대에 가장 많다는 위암이 아닐까?' 하는 공포심이 일어나 슬그머니 불안해졌다.

그때마다 '어차피 한 번 죽는 거 조금 빠를 따름이다.'라고 생각했다. 아직 어린 자식이 걱정되면 '아이에게도 이끌어 주는 주인공이 있으니 걱정할 것 없다.'라고 믿었고, 마음이 약해질 땐 "무엇이든 할 수 있는 주인공이 항상 나와 함께 있다."라는 큰스님 법문을 떠올렸다. 그러면 두려움이 사라지고 용기가 생겼으며 마음도 편안히 가라앉았다. 그렇게 열심히 관하고 또 관하며 3개월 정도가 지나자 통증의 강도와 빈도가 줄어든 것을 확연하게 느낄 수 있었다. 너무도 기쁘고 반가워 감사한 마음으로 더 열심히 믿고 관하기를 6개월 남짓, 고질적인 위장병으로부터 벗어나게 되었다.

이때쯤 색다른 체험들이 잇따랐다. 하루는 한밤중에 바람구멍이 열려서 화덕불이 과열되어 위험해졌을 때, 번개에 따귀를 맞은 것처럼 놀라 잠에서 깨어 불 단속을 했고, 어떤 때는 급한 일을 잊고 잠에 취해 자다가 천장에서 수백 마리의 쥐 떼가 우르르 몰려가는 듯한 소리에 깨서 일을 마무리하기도 했다. 이렇듯 여러 번에 걸쳐 내 마음의 부처님이 자나 깨나 나를 이끌고 있음을 알게 해 주셨는데, 그때그때 항상 새로운 방편으로 이끌어 주었다. 모든 생활을 마음자리와 결부시켜 닥치는 대로 실험하고 체험하기를 헤아릴 수 없을 만큼 많이 하다 보니, 마음자리에 대한 믿음이 제법 굳건해져서 항상 든든한 생각이 들었다.

안양 본원에서 열린 전국청년법회에 동참하여 큰스님께 질문할 수 있는 기회를 갖게 되었다. 최근 부친이 운명하셨을 때 체험을 통해 느낀 점을 질문하고 가르침을 받은 후 물러서는데, 스님께서 불러 세우셨다. "참 잘하고 있다."라는 말씀과 함께 "그 편안한 마음에 대해 말해 보라."라고 하셨다. 공부가 일천한 탓에 어떻게 달리 표현할 수가 없었다. "말할 수 없이 좋습니다."라는 대답과 함께 "제 아내도 언젠가는 이 공부를 함께할 수 있게 되기를 바랍니다."라고 말씀드렸다.

스님께서 내 속을 살펴보시고 하신 말씀이라 여겨져 기분이 한껏 솟구쳤지만, 그 또한 감사한 마음으로 그 자리에 되돌렸다. 사실 이 공부를 하다 보니 주어진 환경의 좋고 나쁨, 있고 없음을 떠나 마음이 평온해졌는데, 그런 내 마음을 스님께서 굽어보시고 격려해 주신 것으로 생각되었다.

법문을 접하다 보면 때때로 가슴이 벅차서 나도 모를 뜨거운 눈물이 솟아 흐르곤 한다. 특히 평소에 마음속으로 선법가를 부르며 그 뜻을 음미해 보는 습관이 있는데, 그럴 때는 더했다. 이제는 직장 동료들에게, 수백 번도 넘게 되새겨 읽고 들었던 큰스님 법문을 토대로 내 체험을 곁들여 열심히 관법을 알려 준다. 하지만 내가 부족한 탓인지 정작 믿고 실천해 보는 사람은 그리 많지 않다. 간혹 그대로 받아들여 실생활에서 실험하고 체험한 뒤, 좋은 법을 알려 줘서 고맙다고 인사하는 동료들도 몇몇 있다. 그들은 가정과 직장, 자녀 문제 등을 풀어 가는 데 이 마음법이 그렇게 신통할 수가 없다고 거듭 감사한 마음을 전했다. 그런 사람들과는 가까운 도반이 되었는데, 그중에는 단전을 10여 년째 수련 중이라는 독실한 기독교인도 있었다. 그는 매달 《한마음》 저널을 빠짐없이 복사해 가고, 자신이 실험하고 겪은 체험들을 주제로 나와 토론도 자주 한다. 지난 1996년 잠실에서 열린 서울 대법회에 부부 동반으로 참여하여 큰스님 설법을 경청하였고, "우리 교인들도 예수님을 찾기 전에 자신부터 알아야 한다."라고 하며 안타까워했다.

　돌이켜 생각해 보면, 이런 마음 도리 한번 들어 보지도 못하고 허망하게 살다 가기가 십상이었을 것 같다. 참으로 다행스럽게도 스님의 대자대비하신 설법과 인연이 되어 올바른 불법의 참뜻을 받아들였으니 다시 생각해 봐도 기쁘기 한량없다. 우리 생활에 이익 되게 굴려 활용하는 도리를 조금이나마 알게 된 것은 이 세상 그 무엇과도 견줄 수 없고 바꿀 수도 없는 참 보배를 얻은 것과 같기에, 일체제불과 둘 아닌 내 한마음 자성불에 무한한 감사를 드린다. 언

젠가는 본래면목을 확연하게 깨치게 될 것을 믿고, 그 자리에 놓고
또 놓으며 더욱 열심히 정진할 것을 다짐해 본다.

4호 · 2002년

난 아무것도 몰라

이해금 | 본원

"차 세울 곳이 있을까?"

"글쎄요, 가 봐야지요."

오늘도 어머니 손을 잡고 선원으로 향한다. 신호등 하나 남겨 놓고 누가 먼저랄 것도 없이 고개를 삐죽 내밀어 "만차" 표지판이 있는지 확인해 본다. "어, 없다!" 반가워하는 어머니 목소리에 내심 덩달아 반가워하며 선원 사거리를 막 통과해 보니, 버젓이 배 내밀고 서 있는 붉은 색 만차 표지판. "아니, 저 간판을 저렇게 속에다 세워 두면 어쩌누! 잘 보이게 세워 두지⋯." 어머니는 자신이 잘못 봐서 돌아가게 된 것처럼 민망해하셨다. 사실 요행을 바라고 건너온 것은 나인데.

모든 잘못된 일은 언제나 한 치의 의심 없이 자신의 몫으로 받아들이는 어머니. 그런 삶의 자세가 '보살님'이라는 호칭이 참 잘 어울리는 환한 미소를 만들어 낸 것이 아닌가 싶다. 전국의 명승 고찰은 안 가 본 곳이 없을 정도로 찾아다니고, 어디에 어떤 큰스님이 계시다면 몸 안 돌보고 찾아 문안드리던 어머니가 선원에 처음 방문한 것은 우연이 아니었을 것이다. 자식 문제라든지, 경제적인 문제라든지, 건강 때문이라든지 이유야 여러 가지가 있지만, 선원과 인연이 닿아 큰스님을 뵙게 된 것은 '참나'가 이끌지 않았다면 불가능한 일이 아니었을까 싶다.

십수 년 전, 첫 방문에 큰스님을 친견하고 돌아오는 내내 어머니는 아무 말씀이 없으셨다. 나도 스님을 친견하고 나서 무척 흥분되어 있던 터라, 둘이 두 시간 넘도록 입을 꾹 다문 채 앞만 바라보며 집으로 돌아왔던 기억이 있다. 희한한 일은, 집에 돌아온 어머니가 장롱 문을 열고 무엇인가를 열심히 찾으면서부터였다. 장롱 안에 있던 베개며 이불깃이며, 이곳저곳에 붙여 두고 꿰매어 두고 집어넣어 두었던 부적들을 하나하나 꺼내시더니 양푼에 그것들을 모두 모아 옥상에 다녀오겠다며 성냥과 긴 젓가락을 들고 나가셨다. 한참 후에 돌아오신 어머니는 혼잣말처럼 말씀하셨다.

"이렇게 홀가분한 것을 어찌 그동안 몰랐을까. 그 스님 참 고마우신 분이시네."

난 내 귀를 의심했다. 30여 년을 내 몸처럼 정갈하게 간직하고, 정초가 되면 늘 새롭게 기도하는 마음으로 받아 와서 식구들의 안녕과 행복의 근원이라도 되는 것처럼 모시던 부적들을 정말 순식간에 '홀가분하다'는 표현과 함께 떨쳐 버리고 온 어머니의 모습에서 한줄기 시원한 바람이 느껴졌다. '큰스님이 무슨 말씀을 하셨지? 별다른 말씀 없으셨는데…' 혼자 방으로 들어와 곰곰이 생각해 보았다.

"이리 이끌고 온 자가 누구예요? 분명 이끌고 온 자가 있지요? 그러니 몽땅 거기에다 맡기세요. 아셨지요?"

그것이 전부였다. 장문의 설법을 하신 것도 아니고, 차분차분 교리를 펼쳐 보이신 것도 아니고, 많은 사람들 때문에 자세히 인사 나눌 형편도 아니었다. 스님 앞에 가서 인사를 드리고 환하게 미소 띤 모습을 뵙고 온 것이 전부인데, 어머니는 아무 말씀 없이 고개를 끄덕이고 계셨다. 충격을 받으신 듯했다.

십수 년이 지난 지금, 어머니에게 신행에 대해 물어보면 늘 말씀하신다.

"난 아무것도 몰라. 정말 아무것도 몰라. 그저 큰스님이 말씀하신 것 그거 하나만 알아. '몽땅 맡기세요.' 그러셨잖니? 난 그거밖에 몰라."

다섯 남매를 소리 없이 훌륭히 바라지하신, 이제 팔순을 바라보는 어머니의 맑은 신행은 자주 나에게 따끔한 경책이 되어 얼굴을 붉히게 한다. 간간이 머리로 헤아리고, 감정으로 치닫고, 놓치고 속는 일상 속에서 마주하는 어머니가 분명하게 믿어 의심치 않는 그 자리, 그 자리를 꿰고 가시는 순수함이 정신 번쩍 들게 하는 도반의 일침이 되어 주고 있다.

늘 그러듯이, 오늘도 잠자리에 들기 전 어머니와 하루의 일과를 나눌 것이다.

"어머니, 오늘은 어땠어요?"

"넌 어땠니?"

"내일은 더 편히 만나요."

"그래. 잘 관하고 내일 만나자."

22호 · 2005년

진리를 찾는 사람

사비네 슈타찡어 | 독일지원

저는 원래 독실한 기독교 신자로, 세례 받은 교회에서 19년 동안 교회 음악가로 일했습니다. 제가 다른 종교에 눈을 돌릴 수 있었던 것은 외가 덕분입니다. 외할머니는 개신교도와 가톨릭교도의 결혼이 흔치 않던 시절에 가톨릭교도인 외할아버지를 남편으로 맞았습니다. 그때 외할머니가 하신 말씀은 "유대인이든 기독교인이든 아프리카인이든 우리 모두에게 신은 오직 한 분이시다!"라는 것이었습니다. 친가나 외가 모두 개신교도와 가톨릭교도로서 진실하게 수행하는 신앙이 돈독한 분들이셨으니, 큰스님을 만나 갖게 된 제 믿음의 기반은 조상님들께서 주신 선물임이 분명합니다.

불교와의 첫 만남은, 독일에서 흔히 그렇듯이 티베트 불교에서 시작되었습니다. 아버지의 추천으로 17대 까르마빠(Karmapa)의 환생을 다룬 다큐멘터리를 보게 되었는데, 당시 일곱 살이던 어린 까르마파가 내뿜는 기운에 감명 받아 불교에 대해 곰곰이 생각하게 되었습니다. 이를 계기로 달라이 라마의 책을 읽으며 불교에 대한 관심이 결정적으로 깨어났습니다.

하지만 독실한 기독교인인 제 안에는 타 종교에 대한 금기가 동시에 있었습니다. 그래서 불교 사원에 갔던 첫해, 한편으로는 마음이 편치 않았습니다. 이는 제가 극복해야 할 첫 번째 걸림돌이었습니다. 그 첫 발걸음 이후로 제대로 불교를 만나기까지는 시간이 걸렸습니다.

그러는 사이 두 아들을 낳고 기르느라 교회 음악가 일을 그만둔지 1년이 되었을 때였습니다. 큰아들과 같은 반이었던 한 여자아이의 부모님이 집에서 독서회와 미술 전시회를 열곤 했습니다. 우리 가족도 초대받아 그분들을 만났고, 함께 불교에 대해 이야기를 나누게 되었습니다. 그러던 중 그 아이의 아버지가 뒤셀도르프 카스트에 있는 선불교 사원의 세무 일을 돕는다는 말을 했습니다. 그곳 스님을 독서회에 초대했으니 원한다면 그분과 이야기를 나눠 보라고 했습니다. 그렇게 만난 분이 독일지원장 혜진 스님이었고, 이후 독일지원에 다니게 되었습니다. 그때가 2005년 4월이었는데, 몇 개월 후인 2006년 큰스님 생신 때 한국을 방문하게 되었습니다.

큰스님을 뵙기 전까지는, 살아 있는 동안 신神적인 것에 범접할 수 없다고 생각했습니다. 신에 대한 믿음은 확고했지만, 그것은 다른 어떤 세계에 속하는 것이었습니다. 살아오면서 신의 현존을 경험하기도 했는데, 그럼에도 불구하고 신은 어딘가 제 밖에 있다고만 여겼습니다.

한국을 처음 방문한 당시, 큰스님 친견실로 올라가는 계단에서 이미 고요하면서도 엄숙한 분위기를 느꼈습니다. 스님을 친견했을 때의 느낌은 이루 말로 형용할 수 없습니다. 그날 이후 신성神性의 핵심은 사람 속에 있다는 것을 확연히 깨달았습니다. 왜냐하면 스님께서 저에게 보여 주셨기 때문입니다. 제 눈으로 직접 볼 수 있었던 그날의 경험은 오늘까지도 진리를 찾는 공부의 에너지원이 되고 있습니다. 마음공부를 하면 할수록 말로 전달할 수 없는 것들이 더 많다는 것을 느낍니다. 이런 이유에서도 스님을 직접 뵐 수 있었음에 세세생생 감사드립니다.

선원에 다니기 시작한 첫 1년 동안은 마음의 갈피를 잡지 못하고 이랬다저랬다 했습니다. 한편으로는 내면의 핵심을 찾고자 하는 제게 도움을 줄 곳이라고 분명히 느꼈지만, 다른 한편으로는 원래 갖고 있던 종교가 허락하지 않는 길을 가고 있는 것 같아 죄책감을 느꼈습니다. 마음을 한데 제대로 모으기 위해 모든 것을 올바르게 해 나가려고 애썼습니다. 그럴수록 긴장되고 심란하고 불안해졌지만 1년쯤 흐르자 내적 갈등의 틀이 완전히 깨졌습니다. 오랜 세월 교회 오르간 의자에 앉아 들었던 성경 구절의 의미가 큰스님의 법문을 들으면서 분명해지곤 했습니다. 그렇게 제 기존의 종교와 큰스님의 가르침 사이에 긴밀한 연결 고리가 생겼습니다. 스님들과 도반들의 도움 덕분이었습니다. 그때 충격을 받았지만 내면에서는 뭔가 자유로워진 것 같아 무척 기뻤습니다.

제 자신을 다르게 바라보는 것으로 수행을 시작했습니다. 눈에 보이는 많은 것들이 마음에 들지 않았고, 나 자신에 대해 자비롭지 못했습니다. 처음엔 이 사실이 저를 구덩이에 빠뜨리곤 했고, 거기에서 빠져나오기까지 많은 시간이 걸렸습니다. 그런데 다시 구덩이 밖으로 나왔을 때는 종종 한 조각 새로운 자유로움이 있었습니다. 친구들이나 학생들뿐만 아니라 주변 사람들과의 관계, 특히 오랫동안 긴장된 사이였던 어머니와의 관계 속에서 변화가 나타났습니다. 또 두려움과 걱정도 조금씩 줄어들었습니다.

이 길을 가면서 큰스님을 여러 번 친견할 수 있는 기회가 있었고, 그때마다 스님께서는 저에게 말없이 가르침을 주셨습니다. 오늘날 저는 무지로 인해 겸손함이 부족했음을 참회합니다. 아무리 오래 걸리더라도 이상을 녹이기 위해서는 한결같이 진실하게 노력할 수밖에는 없다는 것을 이제는 압니다. 이는 한국에 계신 신도님들과 독일 신도님들과의 만남에서도 마찬가지입니다. 그분들의 정성과 도움이 우리들의 발전에 얼마나 중요한지를 이제야 깨달았습니다. 그런 도움이 없었다면 독일에 선원이 있을 수 없었고, 우리들은 마치 고아와 같았을 것입니다.

큰스님께서 열반하셨을 때, 처음에는 그다지 슬프지 않았습니다. 스님께서 저희들을 홀로 내버려 두지 않으리라는 깊은 믿음이 있었습니다. 어떻게 그럴 수 있는지는 말할 수 없습니다. 영결식에 참석하려고 안양 본원에 갔을 때는 제 마음 역시 무거웠지만, 스님 영전으로 한 걸음씩 내디딜 때마다 마치 친견실에서 스님을 뵈었을 때처럼 마음이 가벼워졌습니다. 스님께서는 더 이상 육신으로 계시지 않지만, 저는 스님께서 그 자리에 계심을 느꼈습니다. 이것은 말로 하자면, 처음 스님을 뵈었을 때 제게 보여 주셨던 모습과 연장되는 너무나 행복한 경험이었습니다.

큰스님 열반 후 첫 생신 다례재 때, 그동안 한번도 스님께 제대로 모든 것을 다 바친 적이 없음을 뼈아프게 참회했습니다. 항상 제 자신만을 생각했지 단 한 번도 그분이 주신 사랑의 진가를 제대로 인정하지 못했고, 또한 그것이 제 삶에 어떤 의미를 갖는지를 파악하지도 못했던 것입니다. 오늘까지도 여전히 잘 모릅니다만, 그날 아침에는 제 마음의 부족함을 느끼고 참회의 눈물을 흘렸습니다. 옆

드려 절을 하고 몸을 일으켰을 때, 갑자기 스님께서 그 자리에 계신다는 강한 느낌을 받았습니다. 그 느낌은 일상으로 돌아와서도 며칠간 지속되었습니다. 큰스님 열반 1주기에 한국을 방문했을 때, 또다시 강하게 느꼈습니다. 스님의 끝없는 사랑을 인식하게 되는 상황들이 계속되었고, 그럴 때면 저는 깊은 참회를 했습니다.

마음공부를 하면 할수록 기독교와 불교가 그 핵심에 있어서 서로 다르지 않음을 더 자주, 그리고 더 확실히 경험합니다. 선원에 다니기 시작하던 초기에, 머리로는 금방 분명해졌던 것들을 몸으로 실천하는 데는 시간이 걸렸습니다. 이 과정은 자기 나름의 속도가 있고 시간이 필요하다고 생각합니다. 그러나 단순히 머리로 이해하는 것이 아니라 나의 모든 존재로 파악할 수 있다는 것은 정말로 놀라운 경험입니다.

사람들은 때때로 제가 기독교도인지 아니면 불교도인지를 묻습니다. 이 중 어느 하나만을 선택하지 않고 둘 다 공부한다는 것을 많은 사람들은 상상하지 못합니다. 저는 기독교 안에서 자랐고, 그것은 저를 큰스님의 가르침으로 이끌어 준 좋은 환경이 되어 주었습니다. 스님의 가르침이 아니고서는 제 근본과 연결될 수 있는 기회를 절대로 가질 수 없었음을 분명히 말할 수 있습니다.

스님의 가르침을 만나기 전까지, 저는 보이는 세계와 보이지 않는 세계가 하나로 돌아간다는 이야기를 단 한 번도 들어본 적이 없습니다. 세계적인 문제와 지구가 당면한 곤경은 차치하더라도, 주변의 문제들에 제가 영향을 끼칠 수 있으리란 것도 전혀 몰랐습니다. 하지만 저는 관법 수행을 통해서 삶을 실제로 바꿀 수 있는 가능성을 알게 되었습니다. 어려운 일이 있을 때 이전에는 그저 좌절하거나 아무런 결실 없는 기도를 했지만, 이제는 관을 하고 실천을 합니다. 내려놓음을 통해서 '나'에 집착할 필요가 없어졌고, 주인공이 있음을 경험하는 것이 소중하다는 것을 알게 되었습니다. 마음공부를 하며 제 마음은 이전보다 고요하고 안정되고 자유로워졌고, 주변 인연들과도 조화로운 관계를 맺게 되었습니다. 이 모든 것에, 진심으로 감사드립니다.

86호 · 2016년

다시, 첫 마음으로

이유영 | LA지원

큰스님께서 원적에 드신 지 벌써 1년이 되었습니다. 눈물로 스님의 다비식을 지켜봤던 그 자리에는 이제까지 본 적 없는 멋진 탑이 세워지고, 이름 모를 꽃들과 나무들이 어우러져 선경을 이루고 있습니다. 아침 일찍 선원에 가서 큰스님 1주기 추모 다례재와 부도탑 제막식까지 마치니, 지난 시간들이 파노라마처럼 떠올랐습니다.

처음 문자 메시지로 소식을 들었을 때는, 올 것이 왔구나 하며 무거우면서도 담담한 마음이었습니다. 언젠가는 우리 곁을 떠나시리라 마음의 준비는 하고 있었기에 스님의 제자답게 의연하게 잘 견뎌 내자고 다짐했고, 또 그렇게 할 수 있었습니다. '스님이 육신으로 계시나 안 계시나 똑같다. 마음으로 만날 수 있다.'라며 스님께서 가르쳐 주신 그대로 공부 잘하는 제자가 되어야지 하고 다짐 또 다짐하였습니다. 그러나 몇 개월도 안 되어 그 마음은 무너져 갔습니다. 막상 스님이 안 계시니 마음에 구멍이 뚫린 듯 그 자리가 너무도 컸습니다. 엄마 손을 잡고 있었기에 거칠 것도 두려움도 모르던 아이가 엄마를 잃어버린 듯, 망연한 마음은 갈피를 못 잡고 관을 하여도 공허한 마음만 느껴졌습니다.

머릿속으로는 '계시나 안 계시나 똑같이 하던 대로 하면 된다.'라고 하는데, 마음이 따라 주지 않았습니다. 주변의 일들에 분별심이 올라와서 힘들고, 가끔 스님이 가르쳐 주신 말씀에도 의문이 생겼습니다. '주인공 자리에 놓기만 하면 다 된다고 하셨는데 왜 안 되지? 스님은 되시지만 나는 안 되는 거 아니야?' 하는 조급한 생각이 힘들 때마다 올라왔습니다. '매일 녹인다 하면서 한쪽으로는 오히려 업을 짓고 있으니 언제 벗어나겠나?'라는 회의도 들었습니다. '선원에 나온 지도 이제 십 년이 넘어가는데, 지난 시간 동안 과연 무얼 했나? 놓고 간다고 하면서도 진전이 없구나.'라는 생각에 괴로웠습니다. 방황하는 마음은 게으름으로 이어져 법회에도 이런저런 이유를 대고 참석하지 않았고, 예불이 끝난 후 스님들께 올리는 "성불하세요."라는 말도 형식적으로 하고 있는 제 자신을 볼 수 있었습니다.

그러던 어느 날, 미용실에서 염색을 하면서 잡지책을 보다가, 어떤 사람의 독일 여행기를 읽게 되었습니다. 그는 지인의 도움으로 난생 처음 독일을 여행하다가 고속도로에서 속도위반으로 교통경찰의 단속에 걸리게 되었는데, 자신 때문에 지인이 교통 위반 딱지를 받게 되자 너무 미안했다고 합니다. 지인이 독일어로 뭐라고 변명을 하는 것 같았는데 경찰의 얼굴은 단호하고 화가 난 표정이었답니다. 독일어를 못하는 그는 간절한 마음을 담아서 경찰을 쳐다보다가 서로 눈이 마주쳤는데, 그 순간 서로의 마음이 통한 것 같았다고 했습니다. 경찰의 표정이 눈에 띄게 부드러워지더니 그냥 보내 주었다고 합니다.

거기까지 읽었을 때, 다짜고짜 눈물이 나기 시작했습니다. 머리에 염색 모자를 쓰고 하염없이 눈물을 흘리는 나를 보고 미용실에 있는 사람들이 흘깃흘깃 쳐다보았습니다. 그 눈길이 당황스러웠지만 눈물이 멈추질 않았습니다. 그는 마음공부를 한 사람이 아니지만, 지인을 곤란하게 하고 싶지 않은 간절한 마음이 상대를 움직인 것이 아니겠습니까? 큰스님의 제자로 "깊고 간절한 마음은 미치지 못하는 곳이 없다."라는 가르침을 배워 알고 있으면서도, 현실에서는 제대로 응용하지 못하고 때에 따라서는 회의를 느끼기도 하는 저에게 그 사람의 이야기는 죽비로 한 대 얻어맞은 것처럼 정신이 번쩍 들게 해 주었습니다. '마음의 힘이란 이렇게 큰 것인데, 이것을 잊어버리고 있었구나!' 하는 마음이 들었습니다.

평소 스님께서는 "부처 될 가능성을 믿어야 한다."라고 하시며 자신의 근본, 주인공을 철저히 믿고 그에 귀의하라고 하셨습니다. 그러나 스님이 안 계시니 마음의 힘을 믿지 못하고 방황하는 제 자신이 너무나도 부끄러웠습니다. 그러면서 동시에 '정말 주인공이 있구나! 내가 이렇게 공부를 못하고 있으니 그 자리에서 나투어 깨닫게 하는구나!'라는 생각에 환희심도 들었습니다. 그리고 "우리 마음은 전선이 가설되어 있는 것과 같아서 누구나 스위치만 올리면 불이 들어온다."라고 하셨던 스님의 말씀이 생각났습니다. 그래서 그 여행기를 읽는 바로 그 순간, 제 마음에 불이 환하게 켜졌던 것 같습니다.

'정말 스님께서 내 마음에 불을 켜 주셨구나! 내가 필요로 하면 어떤 모습으로든지 나를 이끌어 주시는구나. 마음의 불이 약할 때도 있지만, 필요하면 바로 큰 횃불이 되어 활활 타오르는구나!' 처음에는 부끄러움으로, 나중에는 감사함과 환희심으로, 집으로 오는 내내 눈물이 그치지 않았습니다. 이런 경험을 한 이후로는 커다란 기복 없이 마음공부를 지속할 수 있게 되었습니다. 지금은 스님의 말씀대로 더욱더 실천하려고 노력하고 있습니다.

70호 · 2013년

백 퍼센트의 믿음으로

이동준 | 본원

큰스님께서 입적하셨다는 소식을 듣고 나서 스님을 다시 한 번 뵙고 싶어 선원 홈페이지에 들어가 동영상 법문을 받들었습니다. 법문 내용이 귀에 들어오기보다는, 그저 이렇게 건강하시고 당당하시던 분을 이제 뵐 수 없다는 사실이 쉽게 믿기지 않았습니다.

한동안 큰스님 법문을 열심히 들었던 적이 있습니다. 청년회에서 소임을 맡고 나니 마음공부에 대해 조금 더 알기 위해서는 스님께서 무슨 말씀을 하시려고 하는지 그 진짜 뜻을 알아야겠다는 생각이 들었습니다. 그래서 항상 선원을 오가며 차에서 법문을 들었습니다. 그냥 말씀을 듣는 것이 아니라, 정말 스님께서 우리에게 무슨 뜻을 전달하시려고 하는지 가슴에 와 닿기를 마음 냈습니다. 운전

중에 졸음이 올 때나 안개가 끼어 앞이 잘 보이지 않을 때에도 스님 음성을 들으면서, 무사히 가게 하라고 마음을 내곤 했습니다. 스님 법문 덕분에 늘 무사히 선원을 오갈 수 있었던 것 같습니다.

어느 날인가 법문을 듣는 중에 이런 생각이 들었습니다. '아, 큰 스님은 정말 한 치의 의심도 없이 백 퍼센트의 믿음으로 말씀하시는구나!' 우리가 하는 수많은 말 중에 정말 백 퍼센트의 확신을 가지고 하는 말이 얼마나 있을까요? 스스로는 확신한다고 하면서도 듣는 사람이 반대하거나 다른 근거를 들면 약간 수그러들거나 의심을 품게 되는데, 스님께서는 이 세상의 진리에 대해 말씀하시면서 털 끝만큼의 흔들림도 없으셨습니다. "내 말에 거짓이 있다면 내가 벌레가 되어도 상관없다."라는 법문을 들을 때는 '어쩌면 이렇게까지 말씀하실까?' 하고 감탄하면서도 한편으로는 스님께서 이렇게까지 말씀하셔야 알아듣는 저희들이 부끄러울 뿐이었습니다.

몇 년 동안 청년회에서 소임을 맡으면서 부처님오신날 장엄등 준비를 위해 큰스님을 가까이에서 뵐 기회가 몇 차례 있었습니다. 처음으로 장엄등 시안을 준비해서 스님께 점검을 받으러 갔던 기억이 아직도 생생합니다. 법문을 통해서 접했던 스님께서는 법에 있어서는 조금의 물러섬도 없이 당당한 분이셨기 때문에, 제가 그분 앞에서 말을 제대로 할 수 있을지 걱정이 이만저만 아니었습니다. 법사

스님 앞에서, 또 저 혼자 수없이 연습을 했지만 긴장되는 것은 어쩔 수 없었습니다. 장엄등 시안을 소개해 드리기 위해 스님과 눈이 마주치는 순간, 저를 꿰뚫어 보시는 듯한 눈빛에 바로 압도되었습니다. 내 목소리가 큰지 작은지, 얼마나 빨리 이야기를 하는지도 모른 채 그렇게 설명을 드렸습니다.

설명을 다 들으신 스님께서는 한동안 말씀이 없으셨습니다. '혹시 내가 뭔가 말씀을 잘못 드려서 심기가 불편하신 건가? 그런 당치도 않은 말을 하려면 당장 나가라고 하시면 어떻게 하나?' 하고 별별 생각을 다 하고 있을 때, 스님께서 말씀을 시작하셨습니다. 장엄등의 뜻을 하나하나 말씀하시면서 등의 이름을 내려 주시는데, 저희에게 존대를 하시는 것이었습니다. 가뜩이나 너무 높은 뜻을 말씀하시는지라 정신이 없는데 어찌나 스스로를 낮추시는지, 그 모습에 저희가 몸둘 바를 모를 지경이었습니다.

그 이후로도 몇 년간 장엄등 시안을 점검 받는 자리에서 스님께서는 늘 우리가 생각하지도 못했던 높은 뜻을 내려 주시면서, 동시에 스스로를 낮추시는 모습을 보여 주셨습니다. 그 모습이 저에게는 오히려 얼마나 높고도 높아 보이던지요. 스님의 그 모습을 잊을 수가 없습니다. 스님께서 법문 중에 "항상 겸손하고 부드러운 말과 행을 하라."라고 늘 가르쳐 주셨는데, 그 말씀과 실제 행동하시는 모습이 조금의 차이도 없었던 것입니다.

매년 청년회 법우들이 장엄등 불사를 하면서 기다리는 날이 하루 있습니다. 장엄등을 열심히 만들어 어느 정도 완성이 되면 큰스님께서 꼭 한 번 작업장에 다녀가셨습니다. 그 자리에서 스님께 장엄등에 대해 설명을 드리고, 앞으로 이렇게 더 만들어서 완성을 하겠다고 말씀을 드리면 늘 "잘 만들었습니다. 수고했습니다." 하고 밝게 웃어 주셨습니다. 그리고 선원 곳곳을 다니시면서 부처님오신날을 준비하는 모든 신도님들에게 힘을 주셨는데, 스님의 밝은 기운에 분주하고 정신 없던 그 자리가 얼마나 편안해지던지요!그날 이후에는 어렵던 일들도 수월하게 진행이 되고, 원만하게 불사를 마무리할 수 있었습니다.

장엄등이 다 마무리되면, 큰스님께서는 매년 점등식에 오셔서 장엄등에 생명을 불어넣어 주셨습니다. 장엄등 시안을 점검하는 순간부터 등에 불을 켜는 순간까지 늘 함께해 주셨습니다. 한번은 시안을 점검 받는 자리에서 점등식에 꼭 와 주십사 말씀을 드리니, "가지 않아도 다 함께하고 있으니 걱정하지 마세요."라고 하신 적도 있었습니다. 스님께서 그렇게 늘 마음으로 함께해 주셨기에 많은 신도님들이 마음을 모아 이 세상에 없는 등을 만들 수 있었고, 또 많은 사람들의 마음을 함께 밝힐 수 있었던 것 같습니다.

이제는 그냥 그렇게 잊고 지내다가도 문득 큰스님 생각에 가슴

깊숙한 곳이 묵직해지는 때가 있습니다. 스님께서 저희에게 주셨던 마음이 너무나도 크기에 앞으로도 그렇겠지요. 그럴 때면 언젠가 법문에서 오래오래 우리 곁에 계셔 달라는 한 신도님의 질문에 "내가 살 때까지는 꼭 살 테니까 걱정하지 말라."라고 하시며 호탕하게 웃으시던 스님 모습이 떠오릅니다.

큰스님! 수많은 법문으로, 행으로 저희를 가르쳐 주시고 이끌어 주신 은혜, 그 감사함을 어떻게 말로 다 할 수 있겠습니까. 제가 지금 살면서 만약 잘하고 있는 일이 있다면 다 스님께서 가르쳐 주신 덕분이고, 만약 잘못하고 있는 일이 있다면 아직 스님의 크신 가르침을 다 따르지 못하기 때문일 것입니다. 가르쳐 주신 만큼 따르지 못함이 참으로 죄송하고 안타까울 뿐입니다. 큰스님의 크신 가르침 잊지 않고 그 뜻에 누가 되지 않게, 하루하루 정진하는 마음으로 살겠습니다.

64호 · 2012년

편집 후기

　흔히 책 만드는 일을 산고産苦에 비유하곤 합니다. 한 권의 책을 세상에 내놓는 것은 한 생명을 잉태하는 것만큼이나 녹록지 않은 과정을 거친다는 뜻이기도 하지요.

　한마음선원의 신행 포교지인《한마음》저널은 '생활 속의 참선 수행'이라는 선원의 수행 가풍을 널리 알리고 신행의 마중물 역할을 해 오며 17년이라는 시간 동안 그 명맥을 이어 왔습니다. 이번에 통권 100호 발행을 맞아 신행담 모음집을 내게 된 것은 지나온 걸음을 새롭게 재조명하는 일임과 동시에 그동안 독자들이 보내 준 사랑과 후원에 대한 작은 보답이기도 합니다.

　한마음 신행담 모음집《공부》속에는 길을 함께 걸어가는 도반들의 진솔한 이야기, 다시 꺼내 보니 새삼 와 닿는 이야기, 그래서 더 많은 이들과 함께 나누고픈 38편의 다양한 이야기들이 담겨 있습니다. 이 책에서는 글의 내용과 글쓴이의 성격에 따라 다섯 개의 장으로 나누어 실었습니다.

첫 번째 장의 제목은 〈빛이 되는 공부〉입니다. 아내이자 엄마로, 딸이자 며느리로 살아가며 가족과의 인연을 밝혀 나가는 절절한 체험담들이 실려 있습니다. 두 번째 장은 〈푸른 날의 공부〉입니다. 젊은 시절 마음공부를 만나 좌충우돌 부딪쳐 가며 배워 가는 과정들, 읽다 보면 누구나 처음엔 그렇구나 싶은 에피소드들을 만나게 됩니다. 3장 〈길을 찾는 공부〉에는 참선과 울력 등을 통해 치열하게 정진하며 내면의 길을 찾아가는 과정의 이야기들을 묶었고, 4장 〈세상 속의 공부〉에는 사회나 직장 생활에서 마음공부를 적용해 가며 겪은 체험담들이 실려 있습니다. 마지막 5장 〈스승의 발자취를 따라서〉에는 큰스님과의 일화나 인연을 중심으로 벌어진 이야기들이 인상 깊게 그려져 있습니다.

책 제목을 '공부'로 정하기까지는 우여곡절이 많았습니다. 혹시 학교 공부나 시험 공부를 생각하는 독자들도 있지 않을까, 그래서 공부라는 제목이 숨막히게 느껴지지 않을까 하는 우려의 목소리도 있었지요. 물론 우리 도반들은 공부가 바로 '마음공부'를 말하고 있음을 짐작하실 것입니다.

마음공부는 다른 무엇이 아니라 자기 마음에서 비롯하는 것이고, 다른 어디가 아니라 지금 여기 자신이 발 디딘 삶 속에서 하는 것입니다. 그런 의미에서 《공부》는 '마음공부'에 관한 책이자 '인생 공부'에 관한 책이기도 합니다. 책 표지에 연꽃이 활짝 피어오른 것도 그런 맥락으로 볼 수 있지요. 진흙 속에서 피어나는 맑은 연꽃처럼, 삶의 질곡에서 스스로 마음의 꽃을 피워 가는 공부인의 모습과 다름 아닌 것입니다.

창간호부터 99호까지 저널에 실린 200여 편의 신행담을 추리고 재구성하는 작업에 꼬박 1년이 걸렸습니다. 편집실의 담당 스님들과 편집위원들이 모든 글을 다시 읽고 선별한 후에 윤문과 교정을 거쳐 책으로 만드는 과정을 함께해 나갔습니다.

이번에 묶은 38편의 글 외에도 보배가 될 만한 이야기들이 많았습니다. 그 아껴 둔 구슬들을 줄줄이 꿰어서, 더불어 앞으로 저널에 실릴 신행담들까지 엮어서 제2, 제3의 《공부》가 나오는 것도 불가능한 일은 아니겠지요. 그러려면 산고에 비유할 만큼 지난한 장기전을 또 치러야 하겠지만, 그 수고로움이야말로 '공부'가 아니고 다른 무엇이겠습니까!

모쪼록 마음의 공부 길에 이 책이 든든한 지침이 되고 친근한 도반이 되어 더불어 함께 가기를 바라 마지않습니다.

대행 스님은 1927년 음력 1월 2일 서울에서 태어났습니다.
일제 강점기의 폭정으로 힘든 유년기를 보낸 스님은
어려서부터 자신의 근본에 대해 참구하였습니다.

1950년 한암 큰스님을 인연하여 불문佛門에 든 스님은
수년간의 산중 고행으로 불법의 긍극적인 도리를 체득한 후
1972년 중생 교화에 뜻을 두고 경기도 안양에
지금의 한마음선원을 세웠습니다.

누구에게나 본래부터 갖추어져 있는 내면의 참 자기를
스스로 깨달아 고품에서 벗어나는 길을 이끄는 데에
평생을 바치신 스님은
2012년 5월, 안양 본원에서 입적하였습니다.

——

대한불교조계종 한마음선원은
우리가 본래부터 지니고 있는 불성을 스스로 발현하여
일체가 둘 아닌 도리를 생활 속에서 실천해 가는
생활 참선 수행 도량입니다.

현재 본원 및 국내외 25개 지원에서
150여 명의 출가 제자들을 중심으로
나와 더불어 전체를 밝히는 마음공부에 매진하고 있습니다.

한마음선원의 주요 서적

허공을 걷는 길

30여 년에 걸쳐 설하신 대행 스님의 방대한 법문을 법회별로 모아 전집의 형태로 엮은 법어집. 스님 특유의 어투와 법회의 현장감을 살리기 위해 구어체를 그대로 썼으며, 독자들의 이해를 돕는 정도로 최소한의 편집 과정을 거쳤다. 스님의 육성을 문자로 옮긴 듯 생생한 법문을 통해 시공을 초월하는 진리의 가르침을 만날 수 있다.

정기법회 4권 / 법형제법회 2권/ 국내지원법회 3권 / 국외지원법회 3권 / 일반법회 4권

한마음요전

"주인공 하나를 쥐고 일념으로 들어가다 보면
비로소 활연히 참나가 드러난다."
주인공 관법의 요체가 담긴 이 책은 대행 스님의 행장기와 법문을 비롯해 게송과 선시, 예화 등을 집대성해 놓았다. 마음의 원리, 수행 방법, 생활 속의 실천과 활용 등에 관한 핵심 법문들을 주제별로 찾아볼 수 있다.

삶은 고품가 아니다

1996년 9월에 처음 발행되어 초판 22쇄를 기록하고 현재까지 꾸준히 발행되고 있는 대행 스님 법어집. 부처님의 감로법이 있으니 삶이 고가 아님을 전하는 이 책은 불교를 처음 접하는 초심자뿐만 아니라 불법의 진수를 알고자 하는 분들에게도 좋은 수행의 지침서이다.

자유인의 길

"오늘을 밝고 아름답게 살아가라!"
불교와 주인공, 관법에 대한 이해를 돕는 법문들이 체계적으로 정리되어 있어 처음 마음공부를 접하는 이들에게 적합한 입문서이다. 내 삶의 진짜 주인이 되어 싱그럽고 자유롭게 살아가라는 지혜의 가르침을 만날 수 있다.

생활 속의 불법 수행

'길을 묻는 이에게'라는 제목으로 현대불교신문에 연재했던 대행 스님과의 신행 문답을 엮은 책. 주인공 관법과 생활 속의 수행, 치병과 천도, 업과 윤회, 깨달음, 과학과 불교 등 다양한 주제로 분류된 총 380여 항목의 질의응답이 실려 있다. 일상에서 벌어지는 갖가지 일과 마음에 관한 질문과 그에 대한 스님의 답변이 담겨 있는 생활 참선의 지침서이다.

둥근 입으로 둥글게 말해, 주인공

한마음과학원에서 진행하는 생활 참선 프로그램인 '한마음공생실천과정'
10주년을 기념하여 그동안 참여한 이들의 수행 체험담을 엮어 만든 책. 공
생실천과정 참가자들의 수행 일지를 통해 마음공부에 대한 이해와 더불어
삶에 대한 공감과 위로를 얻을 수 있다.

뜻으로 푼 천수경 / 뜻으로 푼 금강경

불자들이 가장 많이 독송하는 천수경과 금강경을 우리말로 풀어 놓은 뜻
풀이 경전. 단순한 한문 번역이 아니라 경전의 참뜻을 새길 수 있도록 풀어
주신 대행 스님의 원력이 담겨 있다. 진언의 제목이나 번역하기 어려운 다
라니까지 뜻으로 풀어 놓아 더욱 쉽고 깊게 경의 묘의를 맛볼 수 있다.

A Thousand Hands of Compassion
만 가지 꽃이 피고 만 가지 열매 익어

1,300년 한국 불교의 진수를 아낌 없이 담아낸 대행 스님의《뜻으로 푼
천수경》영문판은 한 편의 아름다운 시를 읽는 것 같은 생명력 넘치는 시
어와 아름다운 선화로 구성되어 있다.《Umarmt von Mitgefühl : Das
Taisend Hande-Sutra》라는 제목으로 독일어본도 출간되어 있다.

No River to Cross 건널 강이 어디 있으랴

깨달음에 이르기 위해 건너야 할 강 자체가 본래 없다는 파격적인 깨우침!
하루하루의 삶 그대로가 불법과 둘이 아님을 일러 주며 정신과 물질, 인간
과 자연, 그리고 종교와 과학이 서로 조화로이 발전하는 새로운 시대의 지
평을 열어 주는 대행 스님 가르침의 요체를 담고 있다. 스페인어판과 독일
어판, 러시아어판, 중국어판이 출간되어 있습니다.

Practice in Daily Life 생활 속의 참선 수행

대행 스님의 한국어 법문과 영어 번역이 함께 실려 있어 마음공부를 하면
서 영어 공부도 할 수 있는 법문집. 소책자 형태의 단행본으로 현재 15권
까지 나왔으며, 앞으로 지속적으로 출간될 예정이다.

---

* 이 외에도 대행 스님의 가르침이 담긴 서적과 번역서가 다수 출간되어 있습니다.
한마음선원 홈페이지(www.hanmaum.org)를 참조하시길 바랍니다.

한마음 신행담 모음집

공 부

초판 1쇄 발행   2018년 12월 10일
초판 2쇄 발행   2019년 03월 15일
초판 3쇄 발행   2020년 02월 18일
초판 4쇄 발행   2021년 07월 07일

———

펴 낸 곳   (재)한마음선원
엮 은 이   한마음 저널 편집실
글 쓴 이   조봉순 외 37인
디 자 인   로그트리

———

대한불교조계종 한마음선원
출판등록   2000.12.15. 제 2000-16호
주   소   경기도 안양시 만안구 경수대로 1282
전   화   (031)470-3100
팩   스   (031)470-3116
홈페이지   http://www.hanmaum.org
전자우편   hanjournal1@hanmail.net
ISBN   978-89-91532-24-3
정   가   12,000원